以用户为本

马化腾的商业管理智慧

星野◎编著

浙江人民出版社

图书在版编目（CIP）数据

以用户为本：马化腾的商业管理智慧 / 星野编著.
—杭州 ：浙江人民出版社，2018.4
　ISBN 978-7-213-08460-7

　Ⅰ.①以… Ⅱ.①星… Ⅲ.①网络公司-企业管理-
经验-中国 Ⅳ.①F279.244.4

中国版本图书馆CIP数据核字（2017）第290869号

以用户为本：马化腾的商业管理智慧

星　野　编著

出版发行　　浙江人民出版社(杭州市体育场路347号　邮编　310006)
　　　　　　市场部电话:(0571)85061682　85176516
责任编辑　　郦鸣枫
责任校对　　朱　妍　张志疆
电脑制版　　武汉鑫美图文设计有限公司
印　　刷　　浙江新华印刷技术有限公司
开　　本　　710毫米×1000毫米　1/16
印　　张　　13.75
字　　数　　175千字
版　　次　　2018年4月第1版
印　　次　　2018年4月第1次印刷
书　　号　　ISBN 978-7-213-08460-7
定　　价　　36.00元

如发现印装质量问题,影响阅读,请与市场部联系调换。

前　言

　　享有全球声誉的美国商业杂志《财富》日前公布了"2016年全球50位最伟大领袖"榜单,腾讯集团董事局主席兼CEO马化腾成功入选,成为唯一上榜的中国商界领袖。

　　在2016年《福布斯》发布的中国富豪榜上,"企鹅之父"马化腾位列第三,其个人财富达到了1589亿元。就在前不久,马化腾的财富一夜之间暴增近250亿元,"吸金怪兽"——《王者荣耀》在2017年第一季度净利润为145亿元。在第二届深商大会上,马化腾透露,腾讯将在微信上推广小程序,未来腾讯将会掀起互联网新革命。同样,马化腾的财富也将不断上涨!

　　从无人知晓的"码农"到美国商业杂志《财富》评选的"全球50位最伟大领袖"之一,从白手起家的穷学生到大富豪,马化腾是怎么做到这一切的呢?

　　《以用户为本:马化腾的商业管理智慧》将为你揭晓马化腾成功的秘密。阅读本书,你会看到马化腾的成功智慧,并从中受到启发。

　　马化腾是个成功的企业家,他带领腾讯创造的微信,已成为一种生活方式,成为现代都市文化中不可或缺的一部分。一位生活在中国的老外说:微信是中国文化的一部分,如果不入乡随俗用上微信,将很难融入都市生活。

　　《纽约时报》曾在一部关于中国互联网的短片中感叹,微信集合了琳琅满目的互联网应用,用户可以用它聊天、通话、购物、买电影票,甚至是打车,简直无所不能。微信连接了我们的生活,对于完全融入微信生活的我们来说，不使用微信，就会像人间蒸发一般，与朋友失去联系，还会让父母担心。

在微信之前，腾讯有QQ。对很多人来说，腾讯意味着QQ，QQ意味着无数的中国网民。

微信、QQ，让马化腾成了全民偶像，人人都崇拜的企业家、大富豪。在谈及与日俱增的名气和财富时，马化腾却一如既往地低调："我是在普通家庭中长大的，没什么特殊的。我和家人的生活习惯都没有什么变化，潮州人习惯喝粥，现在也一样，顶多是住的房子大了一点。"

马化腾注重分享，在他看来，互联网企业分享经济的一个重要方面就是搭建好平台，以开放协作的态度来拥抱每一个竞争者，每一个合作伙伴。他倡导经济分享，人尽其能，物尽其用，能够分享的，就用来双赢。

马化腾说，过去5年来，腾讯从封闭的环境变成一个开放的环境，变成一个真正互联的生态。在这个过程中腾讯其实做了很大的调整，包括把内部的一些原有的、做得不好的业务砍掉、卖掉、送出去，只保留最核心的通信和数字内容……

为了让大家对马化腾的成功智慧有更深刻的认识，笔者进行了全面、详细的阐释和剖析。希望读者阅读完此书后，能领略到马化腾的成功精髓，并从中受到启发。

目 录

第一章 眼光决定未来，格局决定成败

第二章　用自己的方式,领跑全球

第三章　提升产品,专注用户,才是生存之本

第四章 管控,成功要靠团队

第五章　全面出击，决胜互联网之巅

附 录

第一章 眼光决定未来，格局决定成败

能够分享的，就用来双赢

⊠ 做好平台，分享经济势不可当

互联网时代是美妙的，它让更多的人参与到一个平台中去。在这个时代，分享是很重要的。马化腾在《分享经济：供给侧改革的新经济方案》中告诉我们：能够分享的，就用来双赢。

现在，分享经济已深入人心：在交通出行领域，摩拜单车、ofo共享单车，不仅为绿色出行作出了巨大贡献，还为人们节省了交通方面的开支；在闲置房产领域，一些网站通过以租代售的分享方式，打造了旅游住宿新模式；在劳动服务领域，在线服务众包模式创造了上千万的就业机会，缓解了就业压力；在制造业领域，出现了分享供应链和通过以租代售化解企业库存的做法……"闲置就是浪费、使用但不购买"的新消费观念逐步盛行，利用更少的资源消耗满足更多人群的日常生活需求，为绿色发展、可持续发展提供了条件。如今，分享经济已是大势所趋。

在马化腾看来，在互联网企业，分享经济的一个重要方面就是搭建好平台，以开放协作的姿态来拥抱每一个竞争者，每一个合作伙伴。马化腾认为企业在聚焦于自己核心价值的同时，应该尽量深化和扩大社会化协作。他之所以这么认为，是因为他看到了互联网分享、开放协作的重要性。在互联网行业，越多的人参与分享协作，网络的价值就越大，而企业从中获取的收益也就越大。马化腾的说法是非常有道理的，以前做互联网产品，用户需要一个一个地累积，程序、数据库、设计等经验技巧都要从头摸索。但是在知道了要互通有无，在懂得了分享，在平台出现以后，这些都得到了改善，平台的出现与分享协作使企业的成本降低，使盈利增加。

马化腾深刻认识到互联网生态对于腾讯的重要性，所以腾讯一直在转变，这种转变按照马化腾的话说就是："腾讯以前是做好自己，为自己做，现在和以后是做好平台，为大家而做。"马化腾之所以要让腾讯做出这样的改变，就是因为他深刻认识到互联网的本质是连接、开放、协作、分享，只有先做到对他人有益，才能最终对自己有益。基于这种认识，腾讯要利用已有的平台优势，广泛进行横向或者纵向的合作，并且把这种平台坚持不懈地做下去，以更开放的姿态迎接竞争对手与合作伙伴。

马化腾的这种做法体现出了腾讯想成为一个最大、最成功的开放平台的梦想。他强调，腾讯会把开放之路走到底。对这一点，马化腾有具体的阐述：

"在这里我很肯定地向所有的合作伙伴承诺，腾讯的开放是不可逆的，这扇大门只要一打开，就不会关闭。但是，我们也一定要清醒地和务实地意识到，开放之路一定会出现很多挫折，一定会出现各种问题。但是，我们只要抱着'发现问题就去解决问题'这样的一种态度、这样的一个决心，而不是走回头路，那么我相信，这个开放之路必将能够走到底，而且给所有人带来实惠。"

同时，在开放程度上，马化腾希望腾讯会选择全平台的开放，而不是有所保留。针对如何开展全平台的开放，马化腾给出了解释：

"我相信，一波又一波开放的浪潮是持续不断的。除此之外，腾讯还有很多垂直领域，包括电子商务，包括搜索，包括支付，包括团购这些开放平台也会陆续展开。我们在内部的组织架构里面也在做调整，形成一个相对统一的接口，过去我们可能是一个虚拟的委员会，未来会成为一个实体，针对我们合作伙伴的不同的接入、结算等，我们希望整个平台能够更加顺畅。"

在马化腾打造开放平台的理念下，腾讯打造了很多开放平台，除了SNS的开放平台之外，同时，包括腾讯朋友、QQ空间、腾讯微博、财付通、电子商务、搜搜、QQ彩贝联盟、QQ在内的八大平台和数亿活跃用户都已向第三方合作伙伴开放。关于进入平台的要求，腾讯没有任何限制，只要合乎国家法律法规的开发商和内容，都可以在平台上接入。同时，腾讯对所有的大中小开发团队都一视同仁，在各个方面都没有区别对待。

这种开放协作的态度为腾讯的发展带来了非常大的好处。自腾讯开放平台从 2011 年 6 月 15 日起正式开放之后，第三方应用的月活跃用户数已突破 3 亿。在这种开放分享合作的姿态下，腾讯获得了很大的发展。

互联网时代，平台思维、分享协作已经成为一种发展的趋势，也唯有如此企业才能取得发展，在竞争中不至于落败。甚至可以说，互联网时代是共荣共生的时代，任何想封闭自己的企业都难以获得长久的发展，分享协作才能互相供血，互相促进，在成就他人的同时成就自我。

▨ 不把利润放在账面上，要投入发展里

腾讯公布的 2016 年财报显示，2016 年腾讯实现总收入 1,519.38 亿元，同比增长 48%；实现经营盈利 561.17 亿元，同比增长 38%。它已经从游戏收入一家独大，变成了游戏、广告、支付收入三权并重的格局。为什么腾讯会取得如此大的成绩，这与马化腾的眼光和格局有很大关系。

对于企业经营者来说，要立足长远，不能只顾着眼前的利益，否则，会阻碍企业的发展。马化腾倡导经济分享，人尽其能，物尽其用，能够分享的就用来双赢。现在，中国经济已经进入新常态，经济增长从高速转向中高速，人口结构也开始迈向老龄化，消费对经济的贡献越来越大，但产能过剩与有效供给不足并存的现象却依然存在。面对这种现象，分享无疑是聪明的生存之道。如今，分享经济已经上升为国家战略，从中共十八届五中全会公报到国家"十三五"规划纲要，都提到了要发展分享经济。

现在大家熟知的 ofo 共享单车就是分享经济的产物。不求拥有，但求所用。激活剩余，财富才能增长。马化腾深知这一点，所以他要求腾讯的利润不能放在账面上，要投入长远的发展里。

2005 年，腾讯开展了在线生活战略，进行了大笔投资。这次投资给腾讯的发展带来了很大的推动作用，推动了腾讯在游戏、门户、互联网增值服务等领域的快速发展。

此后是互联网快速发展的3年，互联网的发展带来更多的机遇与挑战，作为企业经营者要善于拥抱这些机遇与挑战，因为这预示着互联网行业已经进入一个新的投资周期。在这个投资周期内，腾讯抓紧布局投资，而不仅仅是谋求短暂的利益。腾讯长远投资的理念在2008年体现得较为明显。

2008年是全球经济危机爆发的一年，在这一年里当大多数的企业都在追求眼前利益的时候，腾讯却希望借助各个业务的高速发展，能够立足长远。正如马化腾所说："我们并不希望腾讯把利润放在账面上，我们更加希望把很多利润投入到长远的发展里。"最具代表性的事件是在2008年9月中旬，腾讯率先展开校园巡讲，同时决定从全国17个城市40余所高校招聘700名新员工。这次的挑选人才是腾讯与微软、谷歌等"抢人"，招的岗位涵盖软件工程、网页及UI美术设计、产品策划、专利管理等，"抢人"的目的是为了满足更多市场领域扩张的需要。

不仅仅是招人，腾讯还在微博、电子商务、搜索及网络安全等一些新的战略领域进行大量资本投入。这新一轮的投资给腾讯的发展带来了非常大的好处，让腾讯可以轻松应对经济危机的打击，并且为腾讯取得长期利润打下了良好基础。

从这些行动中我们可以看出，马化腾没有计较暂时的得失，而是立足于长远，用长远的目光来思考问题。马化腾的做法给企业经营者提供了经验借鉴：投资要立足于企业的长远发展，而不能刻意追求眼前的利润。企业不为未来做准备，只重视眼前利益的话很难走长远。

只为眼前利益或一时之局，对未来发展缺少必要考虑的话，企业将付出昂贵的代价。因此，管理者一定要注意投资的前瞻性，在今天与未来之间搭好桥，避免到时措手不及。

⊠ 不求拥有，但求所用

在很多人眼中，模仿是不够光明正大的，往往会背负"抄袭"的恶名，很难与创新画上等号。但事实上，模仿也是一种创新途径，是对传统"创新"观念的颠覆性理解。马化腾提倡分享经济，他认为闲置就是浪费，能够分享的，就用来双赢，在产品创造上也是如此。别人已经创造出来了，我们如果不懂得模仿它，分享成功的经验，一切从零开始，那就是资源的浪费。

马化腾提倡分享经济，他说拿来也是一种创新。当然，马化腾的"拿来"并不是单纯的拿来、单纯的模仿，而是能够在模仿中进行有效的创新。对这种"拿来"的创新，马化腾有自己的理解："你可以理解成学习，是一种吸收，是一种取长补短的方法，况且模仿中也有创新。"马化腾一直强调要进行聪明的引进，并不断地在此基础上进行创新。腾讯QQ就是依靠这种方式不断发展壮大。

1997年，马化腾第一次使用了ICQ。当时的ICQ是几个以色列人开发的即时通信软件。这款软件一经推出，即刻风靡全球，时代华纳公司用将近3亿美金的价格买了ICQ。这么一款受人喜欢的即时通信软件给马化腾带来了很深的影响，但是他发现英文界面的ICQ在中国只有少数的知识分子或者高级"网虫"才能熟练使用，这也使得这款产品在中国很难推广开来。马化腾因此而立志做中文版本的ICQ，这就是QQ的前身OICQ。

最初的OICQ只不过是一个纯汉化版本的ICQ，与原先的版本基本上没有差别。后来，腾讯对OICQ进行了调整，推出了QQ99。在不断的开发完善过程中，腾讯不断地对QQ进行创新，像离线消息、QQ群、魔法表情、移动QQ、炫铃等都是创新之下的产物。马化腾之所以对QQ进行创新，是因为他并不仅仅想为用户提供一个仅供聊天的软件，而是想在QQ的基础上为用户提供全方位服务的互联网社区。正如他自己所说："我们做的这些服务反过来让腾讯的社区有别于其他的竞争对手，现在人们用的QQ，已经不是一款软件，而是各种各样的服务，别人就很难全方位打你。"

不求拥有，但求所用。QQ之所以取得这么大的成功，主要是因为在拿来的基础上进行了创新，连马化腾自己也从不避讳创新是在模仿的基础上进行的。这种模仿在腾讯许多产品中都能看到，网络游戏、拍拍网、无线增值、门户网站、QQ空间、QQ邮箱等身上都有模仿的影子。很多人对马化腾的"抄袭"都表示不屑，但是马化腾就是这样一个能"化腐朽为传奇"的人，他总是能够在拿来的基础上进行创新，拿出让整个行业都为之倾倒的产品。

对于腾讯来说，每一次模仿都是一次极具创意的突破。这也给了企业经营者以打造产品的理念，不要看不起"拿来"，要懂得分享经验，要善于在模仿的基础上进行创新。对于企业来讲，率先模仿就是创新，能够在技术不对称、信息不对称、消费不对称、空间与时间不对称的情况下，开展一次有效的先发制人的模仿运动，就是创新。

模仿并不丢人，这是马化腾对创新的理解。因为任何创新都要站在前人的肩膀上，而不是无中生有。这种站在前人肩膀上的分享创新对企业的发展有很大的促进作用。然而，需要注意的是，模仿创新并不是盲目进行的，而是朝着既定目标进行的创造性模仿。模仿创新在最初阶段都要经过一个学习过程，向前人学习其优秀之处，吸取其精髓，在后期就要加入自己的思想和创意，通过独特的创新，创造更大的成功。

在马化腾看来，模仿的关键在于如何在尊重他人知识产权的基础上，进行持续的改良。这是非常有效的创新模式，通过研究、学习，从他人的技术、产品中获得启发，找到模仿对象的优点并进行不断强化，尽量想办法克服或规避缺点，开发出更适合市场需求的产品或服务，这样就能收到意想不到的效果。

所以，身为企业经营者，不要瞧不起模仿。事实上，模仿是在分享别人的成果的基础上进行创新，这种创新对于企业来说，可以避免让企业多绕路、走弯路。可以这样说，没有分享就很难做到创新，不懂模仿也就是不懂创新。在拿来的基础上进行创新，可以为企业节省资源，缩减成本，最终促进企业的发展。

☒ 云组织形态，未来互联网的常态

人工智能的时代，云服务正在成为全球科技公司的必争之地。马化腾在腾讯云主办的2017腾讯"云+未来"峰会上说的一番话，值得大家思考：云是产业革新的原动力，云是新型社会管理的主平台，云是人工智能的强载体。

云计算是未来众多企业转型的必经途径，是支撑传统企业转型的桥梁。在云计算的支撑下，各行各业都有着非常大的机会。中国的云计算市场已经成为具有全球最大潜力、最具活力、最富价值的市场，腾讯云已经成为了中国云计算行业的引路人。

随着互联网时代的发展，形成了大量的公共商用或免费信息基础设施，为企业内部成员之间和企业之间的合作与分享提供了突破时间和空间局限的信息技术手段。同时，由于全球规模化竞争日益激烈、产业分工更加细化，企业之间需要以更加开放的态度来协作，这就是"云组织"最基本的形态。从深层意义上来讲，所谓的云组织是互联网时代的一种企业组织和合作形态，云组织强调的是"整合"的理念。

马化腾认为，在未来，云组织形态可能是未来互联网的一种常态。对于云组织，马化腾有自己的理解："我们现在讲的这个云是指社会资源这样一种聚合的方式，也就是说平时是水分子形态的，需要整合的时候一旦条件成熟就会具体采用云，任务完成之后又四散而去。"从这里我们发现马化腾强调的云组织，更多地体现在通过一个平台对各种资源进行整合，依靠这种整合来促进企业的发展。腾讯一直在这种整合的"云组织"形态上发力，与清华大学合作成立联合实验室就是最好的证明。

2010年12月13日，"清华大学（计算机系）—腾讯科技（深圳）有限公司互联网创新技术联合实验室"成立仪式在清华大学FIT楼举行。针对这次合作，腾讯将一次性投资1500万元支持清华大学开展互联网创新技术的研究。联合实验室将以"科研合作""人才培养"和"学术交流"为三大合作方向。其中，"科研合作"作为其核心，双方将在搜索引擎、社区化组织、数据运维等尖端信息技术研发领域展开深入研究。

这一联合实验室的成立就是腾讯整合资源的最好体现。清华大学具备雄厚的科研实力、专业与人才优势，而腾讯则有强大的互联网平台与应用优势。双方进行合作,目的是为了争取在互联网相关领域的基础和应用研究上取得高水平成果,培养和吸收一流的高素质人才,并且推动清华大学的计算机学科建设。

未来互联网将会越来越"傻",需要有越来越"聪明"的后台,这正是马化腾要与清华大学创建联合实验室的原因。马化腾希望通过这次合作寻求与清华大学在内的各个科研机构的广泛合作,使其能够成为未来云组织的一个典范,让双方共同搭建起合作创新的平台。

马化腾正在通过云组织的形式来打造腾讯,腾讯通过整合有利的资源并与自身的优势结合起来,形成优势互补,最终推动自身的发展。

这就是云时代的特色,以开放协作的精神来实现资源的整合,在整合的基础上促进他人的发展,也为自身的发展带来好处。不仅是马化腾特别注重通过整合来促进自身的发展,马云也同样注重这一增强自身实力的方式。

注重资源的整合,是云组织时代的特色。腾讯现在不断进行资源整合,依靠广阔的平台,把第三方开放商聚集到自身的平台上来。这种整合不但能够促进第三方开发商的发展,对腾讯自身的发展同样也起到了很大的推动作用。所以,互联网企业要想在这样的时代下得以发展,就要善于对资源进行整合管理,依靠这种整合来弥补自身的不足,从而促进自身的发展。

⚔ 以开放共赢的心态拥抱互联网

互联网行业竞争激烈,面对竞争应该闭关锁国,还是积极开放?很多企业经营者认为竞争就是你死我活的战争,开放只会给企业带来困难。但是马化腾却不这样认为。他认为,互联网企业要做的就是打造共赢的互联网生态。

在2017年初的记者招待会上,当被问到关于怎么打造超级IP的问题时,马化腾说:"在这一块,通过国内外的合作会有很大的机会,是一个战略制高点。我们知道,国外对于IP的开发很专业,常常可以把一个动漫或者文学产品包装成很多种形式，比如电影、影视、舞台剧、主题公园、线下产品，甚至是再授权开发成游戏。而中国做泛娱乐是基于互联网的，这个和传统线下的方式不一样，但这也是中国的优势。那么如果看到国外的一些 IP 很好，但是对方不知道怎么开发，我们就可以合作，使用对方的 IP，然后我们来主导怎么做。"

合作，以开放的心态拥抱互联网。马化腾的这一理念源于他对"3Q 大战"的领悟，是他对那次大战的深刻理解。

3Q 大战指的是奇虎 360（以下简称 360）与腾讯展开的一场战争。这场战争可以用惨烈来形容。360 的安全软件做得非常出色，而腾讯也想在此领域有所作为，于是推出了"QQ 医生 1.0Beta"版本，这一版本的"QQ 医生"只是查杀盗号木马的小工具。随后，"QQ 医生 3.2"推出，这一版本的"QQ 医生"在界面及功能上与 360 安全卫士十分相似。腾讯的这一做法立刻引来 360 的恐慌，360 意识到了"QQ 医生"的威胁，并快速采取了措施。由于 360 反应快速，再加上"QQ 医生"并不是成熟的产品，360 在此次交锋中占据了绝对的优势。

腾讯并没有因为暂时的失利而停下脚步，于 2010 年 5 月推出了"QQ 医生 4.0"版本，并把这一版本的"QQ 医生"更名为"QQ 电脑管家"。这一版本不但具有杀毒功能，还能进行软件管理，360 安全卫士所有的主流功能在 QQ 电脑管家上几乎全有，并且在用户体验上也一般无二。当时还出现了网友在上网时桌面上会突然出现"QQ 电脑管家"图标的情况，而且会在开机时自动启动，这对用户来说是强制安装。因为腾讯 QQ 有数目庞大的用户，这无疑会给 360 带来极大的威胁。为了应对这一竞争，360 针对 QQ 开发了"隐私保护器"，这一工具能够监测并曝光 QQ 是否侵犯用户个人隐私。这无疑会让 QQ 用户心生恐慌。360 的这一做法让腾讯十分愤怒，腾讯于 2010 年 10 月 14 日正式宣布起诉 360 的不正当竞争行为，要求 360 及其关联公司停止侵权、公开道歉，并且给予赔偿。

这次起诉的结果是，最高人民法院判决 360 构成不正当竞争，并赔偿腾讯 500 万元的经济损失。

在这场 3Q 大战中，双方可谓是针锋相对，谁都不肯让步。腾讯方认为，在运行 360 软件的环境下，腾讯无法保障 QQ 账户的安全。因此，腾讯决定在 360 停止推广扣扣保镖之前，如果用户运行 360 软件，就不能运行 QQ。面对腾讯做出的决定，360 也表现得非常强硬，表示不会妥协。为了保证用户聊天顺畅，360 甚至还推出了 WEBQQ 客户端软件。但是，这一客户端软件在推出不到 20 分钟就被扼杀了。腾讯关闭了 WEBQQ 的网站入口，致使这一客户端应用失效。

这场 3Q 大战可以称得上是世纪大战。虽然腾讯是最终的胜者，但是在此次大战中腾讯的损失也是非常大的。受 3Q 大战牵连，腾讯的股价在短时间内一直处于下滑状态，据计算，在那段时间内腾讯的市值蒸发超过 200 亿港元。在这次大战后，马化腾进行了反思，他在公司的内部邮件中号召员工在这场纷争中反思，要学会倾听、接受批评，超越眼前得失，坚持开放的战略打造安全产品。马化腾认为 3Q 大战是"大是大非的问题"，腾讯之后要做的是打造一个开放共赢的互联网新生态，以更加开放的姿态来迎接竞争。

互联网行业本来就是一个开放的行业，如果在这个开放的行业中始终不能拥有开放的胸怀，那么，企业就会越做越小，甚至会在竞争中被淘汰。这一竞争理念在扎克伯格的身上体现得非常明显。

Facebook 是互联网的新贵，公司甫一上市市值就超过了千亿美元，成为了继谷歌之后的全球第二大互联网公司。不过，上市当天 Facebook 的股票就跌破了发行价，然后价格逐渐回落。如今 Facebook 将近 600 亿美元的估值可能更加接近于它的真实价值。

现在的 Facebook 排在谷歌、亚马逊、eBay、腾讯之后，是世界第五大互联网公司。这个年轻的公司在经过了股市的磨砺之后，目前正在快速成长之中。Facebook 通过广告找准了自己的盈利模式，还通过开放平台获得了软件开发者的支持，在 Facebook 平台上的应用超过 1000 万个，超过了苹果的应用数量。

现在，Facebook 还把目光瞄准了移动互联网，正在准备开发智能手机。我们可以看到 Facebook 年轻的首席执行官扎克伯格雄心勃勃，在他眼里，亚马逊、谷歌迟早都是 Facebook 要超越的对象。

Facebook 的成功在于扎克伯格立志于打造一个开放的平台，这种平台架构的开放是在和 Google 做相同的事情。通过提供标准化的平台规则，增加应用的网络移植性，使用户得到更好的体验。这也对 Facebook 竞争力的提高起到了非常关键的作用。

不管是马化腾，还是扎克伯格，他们都意识到了开放对于竞争的重要性。在互联网时代，企业需要的是更加开放的精神，所以马化腾在 3Q 大战后立志要以更加开放的心态来拥抱互联网，在激烈的互联网竞争中打造一个开放共赢的平台。

在互联网行业，平台的重要性是不可忽视的，从操作系统、浏览器，再到应用商店，平台正在变得广泛而重要。正因为平台这么重要，所以马化腾极力主张互联网时代需要平台化思维，而平台化思维最重要的表现就是共赢，就是为客户或者竞争对手打造一个可以实现共赢的平台。双方在这个平台上可以既合作又竞争，从而实现共赢。

心宽故能受，海宽故能宽

☒ 财富不过是个数字

在 2012 年 10 月 12 日《福布斯》杂志发布的"2012 年福布斯中国富豪榜"榜单中，为人低调的马化腾以 403.2 亿元的个人资产位列第四；2013 年，他以 405.1 亿元位列"新财富 500 富人榜"的第四位；2017 年《福布斯》杂志公布的中国富豪排行榜中，马化腾以身价 1641 亿元排名第三。而就在前不久，腾讯市值突破3000亿美元大关，这也让马化腾站在了一个前所未有的高度。

在谈及与日俱增的名气与财富时，马化腾一如既往地低调："我是在普通家庭中长大的，没什么特殊的。我和家人的生活习惯都没有什么变化，潮州人习惯喝粥，现在也一样，顶多是住的房子大了一点。还有，创业的时候是单身，现在成家了，有了小孩，要多分配些时间照顾家里。除此之外，对我的生活基本没有什么影响。"

面对巨额的个人财富，马化腾则说："我没有关心过股价、股票，每天股价涨涨跌跌，我觉得它没什么变化。"而面对今天的成功，他将其更多地归功于时代的给予，更加感谢腾讯的团队、公司的股份结构和投资者们。

更多的时间里，马化腾把自己"藏"在那个精心布置的办公室里。他不用经常出现在员工面前，公司的许多重要事务也都是由总裁或者首席运营官出面，他很少阅读管理方面的书籍，他甚至仍然学不会沉下脸批评做错事情的员工。不过，一个更加规范和职业化的腾讯，也许根本就不需要他来做这些事情。

马化腾一如既往地低调，他觉得自己"不可能有资格说大话"。创业的艰辛已经远去，财富没有改变马化腾的工作方式，他仍会"晚上如果不上一下网，再看一看人数、服务器，老觉得漏了什么东西"。财富没有改变马化腾的个性，他不活跃也不外向，"我的朋友，或是同学或是网友，遇到了，交往多了，也就固定下来。我是不擅长主动结交的"。财富也没有改变马化腾的生活习惯，马化腾多次表示："对衣服没有什么偏好，如果没有正式活动，我都喜欢穿一些T恤之类的休闲一点的衣服。"关于名牌，马化腾更是没有太多的概念，好在有夫人的指点，他才有了一些基本认识。

财富总会带来一些压力，马化腾最多的消遣方式就是和同事们去K歌，偶尔也会去打打乒乓球。至于上网，除了腾讯的网站、门户的科技频道是马化腾经常去的地方外，他仍然会去泡国内几个著名的IT论坛。偶尔来了兴致，他还会去国外几个专业的IM技术网站与人家交流。

企业家的真正财富究竟是什么呢？企业家的真正财富并不是货币积

累,而是企业家精神!一个有关洛克菲勒的故事诠释了一切。洛克菲勒自小生活贫寒,甚至捡过破烂,后来靠石油投资立业致富。鼎盛时期,他的财富曾经达到美国国民财富的 1/47。20 世纪初的美国经济大萧条时期,联邦政府还曾经向他借过钱。可他并没有因巨富而改变自己的平民生活本色。在出差与旅行中,他总是选择坐飞机的经济舱、住一般旅馆,而他的儿子则选择了坐头等舱、住豪华旅馆。这种反差让人奇怪,有人问他这是为什么,他的回答是:"因为他的父亲是个富人,而我的父亲是个穷人。"

企业家的真正财富,绝不是表面的货币积累,而是由其信念、道德、品质、态度及其实践共同形成的内在的企业家精神!正是凭借这种企业家精神,很多企业家尽管出身贫寒、受的正规教育也不多、创业资本有限,但他们善于抓住机会,敢于大胆挑战,百折不挠、不断提升自我,从而成就了日后的事业。创造了财富,也赢得了财富。

放眼世界,无论是洛克菲勒、福特,还是比尔·盖茨、乔布斯……企业家精神都是他们成为国际的顶级企业家的核心力量。

▨ 大成功是大痛苦磨砺出来的

很久很久以前,有一个养蚌人,他想培养一颗世上最大最美的珍珠。他去海边沙滩上挑选沙粒,并且一颗一颗地问那些沙粒,愿不愿意变成珍珠。那些沙粒都摇头说不愿意。养蚌人从清晨问到黄昏,他都快要绝望了。就在这时,有一颗沙粒答应了他。旁边的沙粒都嘲笑起那颗沙粒,说它太傻,去蚌壳里住,远离亲人、朋友,见不到阳光、雨露、明月、清风,甚至还缺少空气,只能与黑暗、潮湿、寒冷、孤寂为伍,不值得。可那颗沙粒还是无怨无悔地随着养蚌人去了。斗转星移,几年过去了,那颗沙粒长成了一颗晶莹剔透、价值连城的珍珠,而曾经嘲笑它傻的那些伙伴们,依然只是一堆沙粒,有的早已风化成土。

沙粒要变成珍珠,需要经历几年痛苦的磨砺。人也一样,想要获得成功,就先要经历痛苦。正如中国古语所云:天将降大任于斯人也,必先苦其心志,劳其筋骨,饿其体肤,空乏其身,行拂乱其所为,所以动心忍性,曾益其所不能。

作为一个成功者,马化腾明白,要想成就一番事业,就必须拥有一颗经得起挫折和考验的心,这也是取得伟大成就者必备的心理素质。

在创业之初,跟其他刚开始创业的互联网公司一样,资金和技术是腾讯最大的问题。"先是缺资金,资金有了软件又跟不上。"后来腾讯开发出OICQ,即腾讯QQ,很快受到了用户的欢迎,注册人数疯长,在很短时间内就增加到了几万人。人数增加,就要不断扩充服务器,而当时一两千元的服务器托管费就使得公司不堪重负。就在QQ推出的第10个月,注册人数超过100万,也就是在那个月,腾讯公司的账面上只剩1万多元,连工作人员的工资都发不出。

"创业第一年里,我们一直喂不饱那只小企鹅,赚钱模式看不到。那个时候时间好像过得特别快,稍微一眨眼,一个月就过去了,意味着你又要给员工发钱了。"

在腾讯最艰苦的一段时间里,马化腾和他的创业团队在一间简陋的办公室里夜以继日地干着一些平时根本不放在眼里的活儿,为的只是赚到一点点钱,再投入QQ这个无底洞里。

生活处处有磨难,成功之前的路大多是曲折迂回的,关键在于人的心理是否承受得起。无论身处何种境地,经受得起成功之前的考验,就会获得这个世界上最高的奖赏。马化腾无疑做到了,所以他现在成了首屈一指的佼佼者。

大成功是大痛苦磨砺出来的!很多失败者都认为,他们之所以失败,是因为不能得到别人所拥有的机会,没有人帮助他们,没有人提拔他们。他们会对你说,好的位置已经满了,高的职位已被抢走了,一切好的机会都已被别人捷足先登,所以他们毫无机会了。但积极的人却不会推脱,他们不哀叹,而是主动出击。他们只是迈步向前,不等待别人的援助,他们靠的是自己。

美国前总统克林顿并不算是天才人物，但他能登上美国总统的宝座，与他个人的勤奋和努力不无关系。

克林顿的童年很不幸。在他出生前4个月，父亲就死于一次车祸。他的母亲因无力养家，只好把出生不久的克林顿托付给自己的父母抚养。童年的克林顿受到了外公和舅舅的深刻影响。他从外公那里学会了忍耐和平等待人，从舅舅那里学到了说到做到的男子汉气概。他7岁时随母亲和继父迁往温泉城，但不幸的是，双亲之间常因意见不合而发生激烈冲突。继父嗜酒成性，酒后经常虐待克林顿的母亲，小克林顿也经常遭其斥骂。这给从小就寄养在亲戚家的小克林顿的心灵蒙上了一层阴影。坎坷的童年生活，使克林顿形成了尽力表现自己，争取别人喜欢的性格。

他在中学时代就非常活跃，一直积极地参与班级和学生会的活动，有较强的组织和社会活动能力。他是学校合唱队的主要成员，还被乐队指挥定为首席吹奏手。

1963年夏天，他在"模拟政府"的竞选中被选为模拟参议员，应邀参观了美国首都华盛顿，这使他有机会看到了"真正的政治"。参观白宫时，他受到了肯尼迪总统的接见，不但同总统握了手，而且还和总统合影留念。

那次的华盛顿之行是克林顿人生的转折点，使他的理想由当牧师、音乐家、记者或教师转向了从政，梦想成为肯尼迪第二。拥有目标和坚强的意志的克林顿在此后30年的全部努力都紧紧围绕着这个目标。上大学时，他先读外交，后读法律——这些都是政治家必须具备的知识素养。离开学校后，他一步一个脚印，曾当过律师、议员、州长，最后达到了政治家的巅峰，成为总统。

"自古雄才多磨难，从来纨绔少伟男"，克林顿的人生经历正是对这句话最好的诠释。逆境并不可怕，只要我们努力前行，逆境反而会给我们以进取的决心和百折不挠的毅力。世事艰辛，不如意者十有八九，不必因不平而泄气，也不必因逆境而烦恼，只要努力，机会总会有的。人生来都希望在一个平和顺利的环境中成长，但上帝并不喜爱安逸的人，他要挑选出最杰出的人物，让这些人历经磨难，千锤百炼终于成金。

在匍匐中前进

马化腾从未想过腾讯能成为一个有如此大规模的帝国。用他的话来说："从没想过一定要开公司当老板，我们几个同学只是想有个机会去发挥所长，最好有点儿小回报，仅此而已。""只是感觉可以在寻呼与网络两大资源中找到空间，所有的判断是来自自己5年来的网龄和职业经验。"

当初，马化腾和几个同学成立了自己的软件公司，开始时公司很小，主营业务是为其他公司做软件外包。马化腾也曾做过邮箱系统，也卖了很多版本。马化腾说："我也做过邮件，也给寻呼台做过互动系统，比如短信查邮件什么的，即时通信是其中一个项目。"

由于一直保持务实、低调的做事风格，与其他的互联网大佬相比，马化腾是一个另类。他基本不主动做杂志的封面人物，更不用说上娱乐节目或者做主持了。有关他的个人采访基本没有，关于他的故事更多的是据说和传言。

成名之后，马化腾依旧很少接受媒体采访，即便是接受采访，更多的也是公司行为。腾讯上市之后因为公司需要，马化腾的曝光率高了一些，但也只是例行公事而已。

2004年，盛大的陈天桥风头正劲，大规模收购了国内外数十家公司。相比自己老板的默默无闻，腾讯很多员工私下里有些怨言："你看人家陈天桥，出手多快，我们的Pony(马化腾的英文名)却一直闷着头，一点魄力都没有。"

不过，这些小情绪在2007年初迅速消失。当时，中国几大互联网内容服务巨头公布了2006年财报，但表现都不尽如人意，唯独腾讯公布的全年业绩引人注目：财报中腾讯的全年利润有10.6亿元人民币，劲升1.19倍。

"看人不能看一时，而是看结果。Pony虽然低调，但正是其背后的稳健、不冒进才能得到这样的数字。"加入腾讯游戏部5年的员工高峰如此评价道。

马化腾对自己的评价是："我们开发人员、软件人员都这样，比较内向，比较喜欢做产品。对懂的东西，我可能说得多点，其他的事，我就不太知道怎么说。"除了性格因素，马化腾自称保持低调最主要的理由是没有高调的需要。他认为，腾讯直接面对的是消费者，因此品牌必须建立在产品和服务上。

当然，现在的马化腾在公司一步步壮大后，有些时候不得不出席各种会议和论坛。作为中国最大的互联网企业之一，他需要经常出现在镁光灯下。但是，他依旧不张扬，不高调。

低调做人无论在商场还是职场，都是一种进可攻、退可守，看似平淡，实则高深的处世谋略。低调做人，你会一次比一次稳健；低调做事，你会一次比一次优秀。所以，无论从事什么行业、什么职业，必须务实低调，以踏踏实实、兢兢业业的态度，努力做好自己的本职工作，并据此不断地锻炼、提高自己的能力，积累宝贵的经验，才能使自己成为企业所需要的人才，使自身不断得到发展并最终收获成功。

抓住机会，腾讯帝国崛起

⊠ 成功只属于勇于挑战的人

互联网时代是一个机遇与挑战并重的时代，网络科技的发展颠覆了许多传统的思维和经营模式，新产品的开发时间和产品的生命周期大大缩短，同时，多姿多彩的虚拟世界也创造了许多新的商业机会。这个时代吸引着众多企业通过各种方式大踏步地迈开全球化的步伐。市场境况瞬息万变，网络科技的发展渗透到各个行业，互联网时代的企业面临着前所未有的竞争与挑战。

关于这种竞争，马化腾用"互联网竞争是生死时速，从不论资排辈"来形容。这句话告诉企业经营者，在互联网时代任何企业都有做强做大的机遇，都可以在竞争中取得胜利。因为，在这个时代，任何一家企业，不论大小都有挑战大企业甚至互联网巨头的能力。同时，马化腾还认为，在这个不论资排辈的时代，企业要想在竞争中取得胜利，就要有勇于挑战的勇气。正如他所说的："人往往习惯于表现自己所熟悉、所擅长的领域，而对陌生领域，抱一种恐惧的态度。其实每个人都具有无限的潜力，勇于挑战自己的不足，敢于主动创造变化，就能将自己的潜力转化为现实的实力。"在竞争面前，腾讯从来都不惧怕挑战，这一点在与联众的竞争中充分体现了出来。

2003年，联众是世界上最大的休闲游戏平台，它拥有2亿注册用户，月活跃用户1500万，最高同时在线人数60万。同时，联众在中国、美国、日本、韩国架设有服务器。这样一个强大的游戏公司在当时是难以被打败的。然而，马化腾没有被联众的强大吓倒，而是毅然决定与联众展开竞争。2003年，QQ游戏推出拥有打牌升级、四国军棋、象棋3个游戏的版本。

这个版本的游戏并没有引起联众创始人鲍岳桥的重视，他也亲身体验了腾讯版本的游戏，但感觉没有什么出色的，于是决定不再更新原有系统，而是将研发重心投入到新的项目"联众新世界"中去。

2004年，联众被韩国最大的网络游戏集团NHN收购，成为其旗下子公司。当时联众的实力变得更加雄厚，它可以大量移植韩国的网游资源，同时还能得到资金与人才的支持。这些都是腾讯所没有的。但是，当时的腾讯仍旧没有害怕，并且逐渐超越了联众。当时的联众把精力转向大型游戏市场，不再更新休闲棋牌游戏，一些缺陷长期存在，这些都给用户带来了不好的使用体验，最终导致老用户的流失。与其相反，腾讯在产品上快速更新迭代，打造更精美的界面，这相对于背景丑陋、广告过多、侧边栏是无关紧要的系统消息、毫无美感的联众游戏而言，更具吸引力。除此之外，腾讯游戏的操作细节更加人性化。

腾讯游戏之所以能够打败联众游戏，是因为腾讯在面对游戏巨头的时候没有胆怯，而是勇于挑战，依靠不断的创新与对游戏的完善来逐步赢得用户，最终形成对联众游戏的绝对优势。

我们不难发现，互联网竞争正像马化腾说的那样不会论资排辈，勇于挑战的人才能够取得胜利。这一点在马云的身上也得到了很好的体现。

在互联网时代的竞争中，马云身上体现出的是刚硬之姿，逢敌敢于亮剑，出招从来不按常理。在自己的实力还比较弱的时候，马云就敢于挑战强大的对手eBay。在与eBay的竞争中，马云没有选择逃避和退让，而是主动出击攻打eBay，果断组织团队建立淘宝。在竞争过程中，又身先士卒，利用各种模式与技巧，使淘宝网战胜了行业巨人eBay。

马云无疑是一个敢于竞争的企业家，面对优秀强大的对手，他不但从不畏惧，反而更加勇敢、坚定，他理智地思考、分析、学习、超越。阿里巴巴之所以能走到今天，也是在竞争中逐渐蜕化成蝶的。

马云对竞争有着深刻的理解，他深知竞争是随时都存在的。他说："我们的竞争非常残酷，无论是自觉也好，不自觉也好，我们惊动了全世界最强大的竞争对手。在电子商务领域里面，eBay今天还是我们最强大的竞争对手。我们也碰上了这世界上发展速度最快的公司Google，它也成为了我们的竞争对手。国内互联网行业的各大公司，新浪、搜狐、网易、腾讯全部把我们当成竞争对手。"面对如此严峻的竞争局势，马云从来都没有露怯，而是勇于挑战，接受竞争。这也是阿里巴巴能够取得成功的重要原因。

马化腾的不畏挑战，马云的勇于挑战，告诉了企业经营者，互联网行业的竞争从来不会论资排辈，胜利只属于那些勇于挑战的人。

在互联网飞速发展的今天，所有企业都面临着高新技术、信息化和全球化的挑战。市场竞争的频次越来越快，在惨烈的商业竞争中，勇于挑战是创业者把公司做大做强的一种必然的要求。一味地妥协、退让，只能让你走向失败。有句格言说得好："失败者任其失败，成功者创造成功。"胜利天生属于勇于挑战的人，互联网时代到处充满挑战，成功的关键在于企业敢于接受挑战，激发挑战挫折的气魄。

企业经营者应该知道，竞争不是洪水猛兽，竞争是一种积极的状态。身处于竞争之中，我们可以把对手当作磨刀石，与之较量就是不断打磨自己的过程，直至把自己打磨得既锋利又明亮。面对竞争，不能有任何胆怯之意，用勇于挑战的精神来迎接竞争的到来。在竞争中不断挑战自己、战胜自己，力争上游，企业就能脱颖而出。

❌ 腾讯帝国，在磨炼中崛起

行业的发展，要经历一个艰难的过程，才能逐步迈向成熟。一旦市场成熟后，行业的激情会更大，力量也会更大。马化腾把互联网经历的这个时期称为"三峡时代"，他认为整个互联网发展的过程就像是长江三峡一样一路险滩，而企业经营者要想成功度过这个艰难的时期，就要鼓起勇气来应对一切困难，并且有勇敢扛下去的勇气。在这个时期，腾讯也遭遇过很大的困难，但最终还是坚持了下来。

腾讯在刚开始创业的时候，面临着缺资金，软件跟不上的困难。1999年2月，腾讯推出了寻呼软件OICQ，名称不过在"ICQ"的基础上加了一个"O"，意为"open"（开放），谐音仍取和ICQ相近的意思"Oh, I seek you"（我找你）。这就是腾讯QQ的前身。这一软件一经推出，就受到了用户的青睐，注册用户短时间内疯狂增加。这也使得腾讯不得不扩充服务器，但当时的腾讯连一两千元的服务器托管费都很难支付。然而，此事并没有吓倒马化腾，腾讯开始到处去蹭人家的服务器用。可这终究不是长久的办法，于是他想到了要卖掉QQ，然而出售QQ的过程也并不顺利，他本想同时出售给数家公司，但与之商谈的公司都想独家买断，商谈也因此而中断。后来，又在与深圳电信数据局的谈判中因为价格不合适而作罢。

一气之下，马化腾不再出售QQ，但是为了让QQ能够继续运营下去，马化腾只好四处去筹钱。筹钱的过程同样不顺利，找银行却遭到了银行的拒绝；找国内投资商谈，又因为实力不够强大而遭拒。最终，马化腾拿着改了6个版本、20多页的商业计划书去国外找风投，最终找来了400万美元的投资。正是这笔钱帮助腾讯渡过了危难时刻，为腾讯互联网帝国的建立打下了基础。

在腾讯发展的过程中，曾经遇到过很多困难，但在马化腾的带领下，腾讯度过了一个又一个艰难时期，在不断的磨炼中变得日益强大，最终成为了一个庞大的互联网帝国。

马化腾的三峡时代不但对互联网企业有借鉴意义，对其他行业的企业同样具有借鉴意义。做任何事都会遭遇挫折，但在挫折到来的时刻，企业要有足够大的勇气坚持下去，同时，要用饱满的激情去创新，去创造功能强大的产品。如此，企业才能生存，才能在竞争中取胜。

❌ 过分谨慎就会丧失机会

大多数的企业经营者在危机面前会手忙脚乱，不知所措，甚至会过分谨慎，不敢做决定。在马化腾看来，这种过分谨慎是不利于企业发展的，最明智的做法是尽快作出决定。

2008年，腾讯经历了一次大危机，然而马化腾的果敢让腾讯轻松渡过了这次危机。

2008年，美国次贷危机的发生和全球性的通胀风险等影响着全世界的经济，全球经济呈现出衰退的迹象。虽说这次危机来势迅猛，但是在马化腾看来，这对互联网行业并没有造成全面的影响，中国的互联网增长势头依然强劲。在危机到来的时刻，马化腾并没有因过分谨慎而裹足不前，他看到的是在这个节点上可以并购一些还没倒掉的企业，开始留意寻找技术平台能与腾讯平台相结合的公司。

当然，马化腾不是为并购而并购，他找的必须都是能对进一步拓展腾讯业务有帮助的企业。在这个过程中，马化腾十分谨慎，在遵循产业逻辑的基础上有条不紊地前行，积极地拥抱机遇与挑战。马化腾的果敢让腾讯轻松地渡过了这次危机,2008年第三季度,腾讯的总营收达20.25亿元人民币。当整个互联网行业都弥漫着过冬的气氛时,腾讯似乎并未受困扰,这一切都要归功于马化腾在危机时刻的大胆迈步。

腾讯的成功证明了马化腾的观点:"在冬天过分谨慎就会丧失机会,这对企业未来的长远发展是极为不利的。"马化腾告诉了企业经营者一种应对危机的心态,在危机中,企业要看到光明和希望,要有必胜的信心和豪情,要敢于大胆迈步,不要过分谨慎。一个过分谨慎的企业是无法在竞争中取胜的,在遇到问题时,企业经营者一定要用正确、客观、公正的态度面对困难,并大胆地作出决策,而不是立在原地什么也不做。

很多时候,危机对于企业来说是一种机会,企业经营者在危机到来的时刻要勇于作出决策,这样企业才能得到发展。这一点在思科公司的成长过程中得到了充分体现。

2009年8月,思科的首席执行官约翰·钱伯斯在接受《纽约时报》采访时说道:"我从管理大师杰克·韦尔奇身上学到了另外一个经验。那是在1998年,那时我们应该是全球最有价值的公司之一,当我向杰克·韦尔奇询问:'需要付出什么才能成为一个伟大的公司?'他说,需要遇到很大的困难,然后克服。我迟疑片刻,然后说:'嗯,当然,我们在1993年和1997年的时候确实经历过困难,那时候赶上了亚洲金融危机。'他说:'不,约翰,我指的是致命的打击。'那时候我对他说的还不能透彻地领悟。到了2001年,我们真的遭遇了致命的打击。我们从一个最有价值的公司沦落到很多人对我们的领导力产生怀疑。接着,挫折过后,到了2003年,韦尔奇给我打电话说:'约翰,你们现在可以成为一家伟大的公司了。'他是对的,正是那些致命的打击让我们不断壮大,你绝对不想浪费危机带来的发展良机。""我们每次都能变得更加强大,拥有更多的市场份额,进军更多的相邻市场。"钱伯斯表示,"1993年、2001年、2003年,这几个年份是思科在成长历史中经历过的一些挑战时期,但每一次我们都抓住了机会。在危机之后,我们的市场份额增加了,实力增长了,市值也提高了。"

因此能否安全地渡过危机，取决于企业能否在危机中抓住机遇，而不是过分谨慎，不敢做决定。这就是马化腾所强调的企业在危机到来的时刻，一定不要过分谨慎，因为危机也可能变为转机，如果仅仅因为害怕危机而不敢做决定，那么，企业很难渡过危机，也很难取得长久的发展。

然而，在企业发展的过程中，危机时刻都会到来，此时就需要创建一套危机预警系统。这套危机预警系统应包括四个方面。

首先，树立危机意识。要培养企业全体员工的忧患意识，企业领导人首先就要具备强烈的危机意识，能把危机管理工作做在危机实际到来之前，并为企业应对危机做好组织、人员、措施、经费上的准备。

其次，设立危机管理的常设机构。它可以由以下人员组成：企业决策层负责人、公关部负责人和公司一些其他主要部门的负责人，这些成员应保证其畅通的联系渠道。当危机发生时，该机构自然转型为危机领导核心。

再者，建立危机预警系统。企业危机是企业内外环境出现问题时造成的，因此，在危机爆发之前，必然会显示出一些信号。当企业在经营过程中出现如下情况时，就有必要提醒决策部门注意并进一步加强监测：对企业或企业领导人形象不利的舆论越来越多；企业的各项财务指标不断下降；组织遇到的困难越来越多；企业的运转效率不断降低。

最后，制订危机管理方案。对于一个企业来说，有效的危机管理可以防止危机的出现或降低危机造成的损失。实施危机管理时，应考虑以下几个方面的问题：检查所有可能造成公司与社会发生摩擦的问题和趋势；确定需要考虑的具体问题；估计这些问题对公司的生存与发展的潜在影响；确定公司对各种问题的应对态度；决定对需要解决的问题采取的行动方针；实施具体的解决方案和行动计划；不断监控行动结果；获取反馈信息，根据需要调整具体方案。

每个企业在生存和发展的过程中，都会遇到诸多因素的影响乃至干扰企业的正常运营，这些因素共同构成了企业经营中的风险因素。面对风险，有的企业遭遇失败，有的企业却把它转化为企业的发展动力，带来企业的飞速发展。这其中起决定作用的就是企业经营者面对危机的心态。面对危机过分谨慎只能阻碍企业的发展，而敢于在预警机制的基础上大胆迈步，才能帮助企业轻松应对危机，带来企业的长久发展。

⊠ 危机来了，那就迎战吧

"我们为什么提科技，这也是我们的焦虑所在。掌握技术才能保证战略制高点，否则当一个浪潮来了的时候，为什么有的人能做到，有的人做不到？最终还是因为技术。技术是一个不可逾越的东西。"马化腾在2017年的全国"两会"上接受采访时的一席话，让我们看到了马化腾的危机意识。

不注重改变的企业，自然会被优胜劣汰的原则所淘汰。马化腾向来都是居安思危，每时每刻都有强烈的危机感，不管企业做到什么程度，他都一直保持着诚惶诚恐的心态。他不仅时刻抱有危机感，而且在危机到来的时刻，他依然内心强大，勇于作出改变，帮助腾讯安然渡过危机。马化腾应对 MSN 入驻中国的态度就是最好的说明。

2003 年，MSN 悄悄进入中国。MSN 是 Microsoft Service Network 的简称，是微软打造的一款集即时通信工具（MSN Messenger）、邮件（Hotmail）、个人空间（MSN Space）、搜索、资讯、影视、娱乐、学习等内容于一身的综合性网络互动平台。当时的 MSN 是非常强大的，MSN Meesenger 是全球最为普及的免费通信工具；Hotmail 是全球注册用户最多的个人邮箱；MSN 网站全球排名第二。

这么一款强大的应用来到中国，对当时的 QQ 无疑形成了巨大的威胁。马化腾也感觉到了一种强烈的危机感。MSN 在进入中国市场后，强打开放战略。为了与 MSN 抗衡，马化腾作出了一个完全背道而驰的决定。腾讯采用了更为封闭的策略。马化腾一面炮轰微软在操作系统中捆绑 MSN，一面明确反对即时通信软件之间的互联互通，继续奉行封闭 QQ 的 API 和通信协议。当时的腾讯把封闭当成真正的发展策略，这种策略在当时无疑是正确的，因为当时的腾讯不管是在技术实力上，还是平台应用的广度上都与微软还存在较大的差距。在当时，腾讯如果采取MSN式的开放策略，不仅在技术上得不到支持，还会暴露出很多安全问题。而封闭策略，则能够最大限度保住QQ当时的用户群体。

腾讯经过这一次，使QQ与MSN形成了抗争之势，虽然没有占据上风，但是也保证了自身较强的竞争力。QQ之所以能够在与强势的MSN竞争中不至于落败，就是因为马化腾在危机到来的时刻，没有坐以待毙，而是主动进行了改变。

对于企业经营者来说，在面对危机的时候，特别是在面对强大竞争对手的时候，不要坐以待毙，勇于迎战才能带动企业的发展。除了马化腾有这样的理念，陈天桥也有这样的想法，并且在这种想法的支持下不断让盛大走向强大。

陈天桥在直面现实的同时又憧憬着梦想。在其身处的领域中，新的技术每天都以加速度在变化着，如何不断地进行自我否定，并在自我否定中创造新的机遇，是盛大茁壮成长的生命力量。

在外人看来，盛大似乎有花不完的钱，财务状况足够健康。根据陈天桥的描述，盛大没有应收账款，没有银行贷款，每天的现金收入超百万。当有人说盛大发展顺利时，陈天桥强力反驳，他说自己每一年都承担了别人十年的风险：遭遇过投资方突然撤资，曾与合作伙伴对簿公堂，曾被黑客大规模袭击过，也曾被竞争对手举报所谓的偷漏税……陈天桥的心里一直都认同比尔·盖茨的那句话："微软距离倒闭永远只有14天。"

陈天桥在短短几年时间里成为中国首富，他全部的利润都来自于网络游戏。网络游戏的门槛本来就不高，又有盛大这样可模仿的成功模式，各种网络游戏公司在中国网游市场上竭力厮杀。虽然盛大有起步早的优势，但是未来是难以预计的，形势千变万化。为了应对这种随时都可能到来的危机，盛大时刻都在拥抱变化，始终都在保持着小步快跑的速度。

盛大在发展的过程中，遇到过很多强大的对手，这些对手也给盛大带来了很大的危机。陈天桥在危机到来的时刻，总是能够主动作出改变，正是这种主动改变的精神让盛大一次次跨越死亡线，让盛大这个最初的动漫社区，转变为一个网络游戏运营商，又成为一个拥有自主研发能力的网络游戏供应商。

不管是马化腾，还是陈天桥，他们都在用具体的行动告诉企业经营者，危机到来的时刻宁可找死，也不能等死。在面临危机的时候，企业不懂得改变，就只能等死，而要想渡过危机，就只有勇于作出改变，虽然改变的前方生死未卜，但至少有生的希望。苏宁的副董事长孙为民在北大演讲时说："在等死和找死之间，作为一个企业来讲，我说宁可找死也不去等死，因为等死是必然的，找死是自己决定自己的生死，所以即使左右手互搏，我们也要做这件事情。"

为什么马化腾要强调危机到来的时刻"宁可找死不等死"？因为危机当中也有机遇。危机事件往往会提供一些新的突破点和发展点。这些突破点和发展点就是机遇。抓住这些转瞬即逝的难得的机遇，加以利用，可能会给个人或组织的发展开辟一个更新、更广的空间。

面对危机，企业管理者一般有三种心态：一种是面对危机感到无所谓，麻木、随波逐流；一种是面对危机悲观失望，被危机吓倒；还有一种是面对危机冷静分析，从容乐观，积极作出改变，相信总能在危机中找到机遇。在危机到来的时刻，只有抱有第三种心态的人才能安然渡过危机，最终取得胜利。

大成靠德，靠胸怀

⊠ 有责任感的企业才会长远发展

2016年12月17日下午，在第二届中国深商大会之"互联与时代"论坛上，马化腾在进行开幕演讲时说："明年非常重要的任务，就是在企业社会责任上，其实也是为了整个互联网的环境净化、稳健发展打下很好的基础。"

现在，企业社会责任已成为检验企业核心竞争力强弱的标志，拥有社会责任感是企业生存和持续发展的必要条件。马化腾认为，积极履行企业社会责任不但是中国的互联网企业义不容辞的社会责任，也是每一家企业应尽的义务，更是整个互联网行业和谐、持续发展的保障。

责任让腾讯稳步前行，在马化腾看来社会责任对企业而言不是可有可无的事情，而是必须承担的义务。腾讯眼中的企业社会责任，主要可以从三个维度来体现：

一是从用户维度看企业的社会责任，就是能否最大化地满足用户需求，为用户创造价值。

二是从企业自身的维度看企业的社会责任，就是能否遵纪守法、创造就业、依法纳税，对用户、员工、股东、社会承担必须的义务。

三是从社会的维度看企业的社会责任，就是能否回报社会，关注公益，维护行业环境。

古语云："十年磨一剑。"我们倡议更多在中国本土创业成长起来的优秀企业共同关注社会责任。唯有如此，企业才能基业常青，共促社会和谐进步。

马化腾还强调了社会责任的重要性："10年来，在中国，没有哪一个产业像互联网一样，如此形象突出地成为中国高速发展与开放的符号，它表现出中国经济的巨大潜力和独特性，同时也带来了种种新的挑战。新的形势、新的机遇也在不断促使我们每天思考，如何去创造社会价值，寻求企业和社会的协同发展，真正将企业建设成为受人尊敬的百年老店。"

如今，在成长与承担、开放与共赢的命题下，为用户提供最优质的产品和服务，始终是腾讯的信念，也是腾讯要向数以亿计的用户表达的最朴素心声。肩负的责任和使命，使腾讯变得更加成熟，也更加自信。

2017年的全国"两会"上，马化腾在谈到微商乱象时说："对潜在的不可持续的微商高额返利的这种现象，我们要及时制止。但我们也很无奈，我们没有权利去执法，很为难。我也跟很多领导反馈过这个问题，如何能提前发现。我们也希望从公安和立法角度有所作为，我们会坚决按法律法规履行。"

马化腾清楚地意识到了企业的社会责任，腾讯的任何经营行为都可能影响到上亿的用户，只有得到用户的认可，腾讯才能健康发展。企业的社会责任与企业经营的协调发展将一直是腾讯重点关注的问题。

企业社会责任的战略规划在企业管理中必不可少。在企业的总体战略中，企业社会责任战略要同企业的整体战略融会贯通。责任超前会给企业造成资源浪费，而责任滞后则会有损企业的竞争力。

⊠ "让批评来得更猛烈一些"

在2017年的全国"两会"上，马化腾说起2016年腾讯的发布会场地有点混乱，不少媒体坐在地上或是站着。后来腾讯进行了反思，2017年除了把讲台抬高，所有人不需要站起来提问就能看到他，还专门设立了摄像的固定区域。

马化腾是一个有胸怀，能成大事的人。他虚心接受批评，勇于改正自己的不足。也许正是靠着这样的品质，他才带领腾讯走向了一个又一个辉煌。其实，只要你留心，就会发现：文化和谐、员工活跃、绩效显著的企业往往有一个共通之处，那就是领导会主动深入群众，积极听取意见。这是管理者可贵的品质之一。

2010年11月3日，腾讯宣布QQ与360不兼容，原因是360的扣扣保镖威胁到了腾讯QQ用户的安全。360随即发出几封致用户信，认为腾讯利用垄断优势打压竞争对手。这场"不兼容"之战持续几日，使业界震惊。虽然腾讯公司坚信，"不兼容"是不得已而为之，但是并没有获得业界和公众的理解与同情。

"诊断腾讯"活动最早从2011年2月底开始举办，历时一个多月，共有

10场。请人批斗自己,这在业内并不多见,而在这10场可以称得上是"批斗大会"的研讨会上,一向低调的腾讯高管悉数出场,接受各行业专家的挑刺和建议。

研讨会上,许多专家的批评非常直白,不过在腾讯的创始人兼首席执行官马化腾、腾讯总裁刘炽平、首席技术官张志东、首席行政官陈一丹等高管眼中,这些犀利的言辞更多的是业界对腾讯的鞭策。

"我在网上被骂的机会很多,在微博上往往我说一句话就有很多人都会骂,所以心理承受能力超过大家的想象,12年都是这样过来的。我希望各位专家不要给我留情面,提出严厉批评。"在"诊断腾讯"的第9场研讨会上,马化腾向与会嘉宾发出了"让批评来得更猛烈一些"的邀请。

"我记了满满3页纸,还是双面的,手都记酸了。"对于各位专家的建议,马化腾表示从中学到了很多,"但这些不是我个人明白就可以了,还有我们高管层、公司关键岗位的一些领导员工都要明白,最难的是推动。"

腾讯总裁刘炽平表示,一场场诊断会过来,腾讯就像照了一个X光,也提醒腾讯要从各个方面去重新认识自己。腾讯高层都表示要把这些宝贵意见带回腾讯去,不只是内部进行交流,而是要真正穿透式地把这些意见下发、执行。

领导者个人的认知总有偏差,一旦有偏差,行动就不能完全按正确的方向改变世界,所以要不断进步,不断修正对自己、对世界的看法。对马化腾来说,面子并不重要,重要的是把事情做成,进步得更快。企业经营者要懂得接受批评,听取意见。面对批评都应该有正确的态度和方式。

一是要虚心地接受正确的批评。凡是正确的批评,都应虚心接受。批评能指出我们的不足、缺点、错误及原因,还能指出我们的努力方向,从中获得相关的信息与帮助。有时,我们是"不识庐山真面目,只缘身在此山中",对自己的不足、缺点、错误懵然无知、浑然不晓,或不想让人知、让人晓,长此以往,我们会永远落后,不断出错。这既妨碍自己的正常成长,也不利于组织事业的发展。只有虚心接受批评,我们才能不断改进自己、发展自己。

二是要冷静地对待不当的批评。当遇到他人或组织的不当批评时，我们要冷静，不要急躁，更不要急于辩解。每个人都会因为囿于所见而犯错误，批评者也可能批评错了。如果听到不当批评就急于辩解或驳斥，就会阻塞言路、不利于对话沟通，也会激发冲突、影响团结，还会不利于通过接受批评而不断学习提高。听到不当批评时，如果先冷静待之，继而慎重考虑，然后进行合适与善意的解释，就可能达到有效的对话沟通，大家相互帮助，有则改之、无则加勉的正面效果。

三是要诚心地接受刺耳的批评。有时，批评者本来是好意、善心，但批评时缺乏艺术性，没有采用合适的方式方法，我们听起来可能感到刺耳、不舒服。这时，我们就更应该诚心诚意地接受批评，甚至应该感谢批评的尖锐与无情。因为"良药苦口利于病，忠言逆耳利于行"。要认识到，只有真心关心自己的人才会言辞激烈，其他人往往会对我们的不足与错误视而不见、听而不闻。所以，我们应该感谢批评！

四是要有接受批评后改正错误的行动。如果我们只是当面、表面唯唯诺诺地接受批评，过后则抛诸脑后，不思悔改，或是虚与委蛇、不置可否地听任批评，那么我们就是虚假、虚伪的人，是缺乏诚实守信之德的人，就是孤家寡人，就难以立身处世、成事立业。虚心、冷静、诚心地接受批评后，我们要用行动来证明自己是敢于承认错误、乐于改正错误、善于学习进步的人。

受到表扬蹦蹦跳，受到批评双脚跳。这不是正确地对待批评的态度。我们要坚持正确的批评与自我批评的工作作风，在批评与自我批评的有效对话中，才能不断成长与提高。

⊠ 投身公益，释放爱的力量

公益是什么？公益是奉献，是把一颗拳拳之心交给社会，为社会添砖加瓦。不要把数字当作衡量公益的标准，因为公益的血脉里流淌的是爱心。只要用心做，再小的浪花也是公益的完美绽放。社会缺乏什么，就为社会增添什么，这才是公益之大者。

马化腾有着企业家的胸怀："当我们具备更多的能力和途径去投身公益事业的时候，我们成立基金会。腾讯公益基金会除了将大力参与环保、教育、文化遗产保护、救灾扶贫帮困等社会公益慈善事业之外，还将积极开展具有腾讯品牌和社会影响力的公益活动，借助腾讯及QQ品牌的影响力，向更多人传递公益和爱心的理念，帮助青少年树立健康的社会价值观念，塑造良好的社会公益氛围。腾讯是一家非常年轻的企业，建立公益基金会，搭建公益平台，我们只是期望能在公益方面身体力行，携手万千网民成为社会公益事业的实践者、推动者和倡导者。"

在取得巨大成功的企业家群体中，马化腾是一位年轻的后来者，但在慈善事业上，他出发得并不晚，堪称一位年轻的先知先觉者。

马化腾的慈善从一开始就有一条明确的线路图，即从小做起，从心做起。最初，腾讯出资2000万元人民币发起设立腾讯公益慈善基金会，这是马化腾的第一个大手笔，其目标就是改善更多青少年的生活条件。之后，马化腾的着力点也一直放在青少年资助与教育之上。也正因为此，马化腾荣获了"中国儿童慈善家"的荣誉称号。

慈善不是秀，企业做好了，慈善才能跟上。马化腾做慈善，一不为争面子，二不为吸引别人的眼球，慈善就是慈善，是目的，不是手段。与很多企业家做慈善侧重于捐款不同，马化腾利用腾讯的传媒平台优势，立足于培育慈善文化。腾讯不仅自己成立了基金会，直接对外捐赠，而且与中国儿童少年基金会、中国扶贫基金会、李连杰的壹基金等多家专业慈善机构合作，为他们提供资讯传播、在线捐赠、网络义卖等公益服务。

同时，腾讯还利用QQ巨大的信息群优势，通过腾讯公益网、志愿者参与平台和公益组织运作平台开展公益项目，通过志愿者服务、资金捐赠、公益活动等方式提供网民全面参与的平台。通过巨大的平台传递爱心，让全社会都来关心公益、投身公益，共同关注弱势群体，以及未成年人的健康成长。

腾讯有爱，马化腾有爱。这种爱不是捐赠单上华丽的数字，也不是捐赠台上骄傲地走过场，而是一颗拳拳之心。马化腾一向都是这样的人。

☒ 成为最受尊敬的互联网企业

马化腾和腾讯的高层们曾专门开会讨论一个问题：腾讯最终要做成一家什么样的公司？最后，会议得出的结论是："受尊敬"的公司。这家员工平均年龄为20多岁，以娱乐为主的公司，自上而下都显得老成持重。而在此次会议之前，马化腾就曾多次公开谈及腾讯的愿景：成为最受尊敬的互联网企业。

很多人都曾问过马化腾，腾讯的未来怎么走？实际上，在腾讯刚刚成立时，这就是腾讯创业团队的一个共同话题。很多人都希望腾讯未来成为中国最大的互联网企业，成为市值最高的互联网企业，或者是成为收入和利润最多的互联网企业。

然而，马化腾将公司的发展远景定位为"成为最受尊敬的互联网企业"。谈及这个愿景，马化腾坦言："腾讯很清楚自己的责任，我们的任何经营行为都可能会影响到上亿的用户，甚至会影响到整个行业的风向，只有得到用户的尊敬和爱护，才能确保腾讯未来的健康发展。"

那腾讯如何做到最受人尊敬呢？马化腾说最受尊敬有三个标准：

一是口碑。

二是公司实力。不是要争第一或第二，但要具备做事的实力。

三是社会责任。腾讯正在筹备一个千万元以上规模的基金会，主要面向青少年教育。

腾讯是中国互联网企业中一个比较低调的公司，随着企业的不断成长，在求发展过程中如何将企业的经济效益和社会效益结合起来，是马化腾关注的重点。

"做一个让人尊敬的公司"，正是在这一愿景的带领下腾讯不停奋斗，不断创造辉煌。

愿景是人们最渴望实现的愿望、对未来的憧憬、是毕生为之奋斗的梦想。日本"经营之神"松下幸之助就是一个善于为属下提供愿景的领导者。

在松下公司刚成立没多久时，他就为所有员工描述了一个250年的愿景。他把250年分成10个时间段，第一个时间段的25年，再分成3期：

第一个10年是致力于建设的时间；

第二个10年继续建设，并努力活动，称为"活动时代"；

第三个5年，一边继续活动，一边用这些建设的设施和活动的成果为社会做贡献，称为"贡献时代"。

第一个时间段以后的25年，是下一代继续努力的时代，同样要建设、活动、贡献。

以此一代一代传下去，直到第N个时间段，也就是250年以后，世间将不再是贫穷的土地，将变成一片"繁荣富庶的乐土"。

松下幸之助通过这一愿景为每个员工赋予了一个灿烂辉煌的梦想，整个公司的工作热情、积极性和工作效率都得到了极大的提高。时至今日，他的这一愿景正在一步一步地实现着。

宏伟的愿景有巨大的感召力。它可以使勇敢者更加勇敢，使人们深埋的智慧迸发出来，使梦想变成现实。管理者们设定愿景时，必须站得高、看得远、想得深，具有前瞻性。愿景是为组织有一个更好的发展准备的。愿景要成为吸引人、感召人、鼓舞人的一个口号，还必须简单明了、形象生动，能让人记得住、摸得着，让人相信，让人感动。

第二章 用自己的方式,领跑全球

统筹布局，领跑全球

⊠ 从"腾讯数量"变成"腾讯质量"

2016年底，马化腾在其发表的演讲中说，过去5年来，腾讯从封闭的环境变成一个开放的环境，变成一个真正互联的生态。在这个过程中，腾讯其实做了很大的调整，包括内部的一些原有的业务做得不好的砍掉、卖掉、送出去，只保留最核心的通信和数字内容，包括现在提倡的"互联网+"。所谓的"+"就是跟其他企业的充分合作。

企业在发展到一定阶段后，企业经营者不得不面临这样一个问题：做大做强？还是做强做大？有人认为应该广覆盖，多渠道盈利，有人认为要主打某一个或几个拳头产品。

"不精品，毋宁死"，腾讯公司COO（首席运营官）任宇昕的一句话道出了腾讯公司的经营策略。以"精品战略"来使别的企业无法简单复制，从而赚取更高的利润。在马化腾看来，腾讯要走精品战略，要从"腾讯数量"变成"腾讯质量"，让他人一提到腾讯就联想到精品。

过去的腾讯做了大量的产品，基本上业界数得过来的产品腾讯都尝试过，这种井喷式的产品打造方式给腾讯的发展带来了很大的好处，促进了腾讯帝国的形成。然而，腾讯虽然有丰富的产品，企业发展得也非常快，但是大家普遍对腾讯的感觉就是精品太少。马化腾也深刻地认识到了这一点，所以他认为腾讯需要作出从数量到质量的大转变。

带着做精品的决心和态度，马化腾带领团队做出了无人不知、无人不晓的微信。去超市购物，用微信支付；去菜市场买菜，用微信支付；现在连街头的大妈都在用微信。微信功能太强大，这让外国人都为之惊叹。

跟在别人身后亦步亦趋，永远被动。只有打造精品，才能领跑全球，腾讯无疑做到了这一点！

基于精品战略的思考，腾讯在2012年召开的战略管理大会中给出了明确的答案——"聚焦用户，打造精品"。在这次会议上，马化腾强调腾讯在产品上要完成从数量到质量的转变，要多出精品。在管理上则要完成粗放式成长到精细化的转变，以求获得更多的精品。这次会议是腾讯在产品上要向精品化迈进的标志，从此腾讯把更多的精力放在打造精品上，并且有相当一部分的精品开始不断出现。

腾讯精品战略下的一个典型产品就是新版腾讯微博。2013年5月，新版腾讯微博全面上线，在这版微博上有微频道、微热点、微管家、微圈四大创新功能。之所以要在这四个方面进行创新，就是为了给用户创造最佳体验。新版腾讯微博突破了微博行业现有的发展思路，在产品形态、云端智能、运营形态和应用体验等方面都作出了深度革新。

微频道是个人个性微博内容展示的平台。在这个平台上，所有用户都可以建立属于自己的频道，向外界展示和分享，满足用户展示自己的需求。微热点主要依托后台数据与语义分析技术，将用户的微博内容与当前热点事件做即时匹配。通过这种方式，用户可以即时查询热门资讯。微博管家则可以帮助用户自动过滤低质量微博，用户同时还能对过滤的信息进行筛选。微圈会将腾讯微博平台上的用户自动进行智能分组，打造属于用户个人的社交关系圈，用户可以在这个社交关系圈里收听目标信息，并且避免漏掉重要的微博。这款微博一经上线，就赢得了用户的青睐。

腾讯打造的精品不仅仅体现在微博上，微信更是在这一战略下打造出来的"精品中的精品"。

2011年1月21日，腾讯推出微信。微信是一款支持多人群聊的手机聊天软件，用户通过微信可以快速发送语音短信、视频、图片和文字。这款精品一出现，就深受用户的喜欢，仅仅用了一年的时间，微信用户就达到了1亿。时至今日，微信用户已经有6亿，是可以与QQ一较高下的精品。

其实，在移动互联网时代，腾讯更加注重精品的打造，特别是在手游方面。正如腾讯游戏副总裁吕鹏所说："腾讯立足通过精品游戏运营战略布局移动终端，从精品化运营、精品化内容定位、精品化用户服务、精品化营销四个方面，为用户提供更多、更优质的娱乐体验。腾讯为了满足每一位玩家的需求，采用'细分领域精品布局'的方式，分门别类地挑选最优质的游戏开发商进行合作，为玩家提供形式多样的精品移动终端游戏。"

《雷霆战机》《神之刃》等一个又一个的精品为腾讯带来了不俗的成绩，就是其精品战略的最好证明。

马化腾用这种精品打造策略来经营腾讯，为腾讯创造了可持续发展的环境，也进一步稳固了腾讯互联网巨头的位置。

稳健，谋定而后动

很多企业经营者都认为，在经营企业的时候要勇于做第一个吃螃蟹的人，因为第一个吃螃蟹的人才能有成功的可能。但是在马化腾看来，没有必要做第一个吃螃蟹的人，后发才是最稳妥的方式。

在谈到未来腾讯在金融领域的发展时，马化腾说："在互联网金融领域，我们知道支付宝有蚂蚁金服，京东有京东金融，那腾讯在这方面有什么打算呢？"马化腾给的回答是，腾讯会采取"稳健"的思路。他认为金融最核心的问题就是稳健，重点在拼谁的命长，而不是拼谁在短期内跑得快。

马化腾之所以这样说，是有其理由的。在他看来，不管进入哪个领域都不是一件容易的事情。既然不容易，那么就不要争做第一。后发的风险最低，特别是当自己有一些平台优势的时候，后发是获得成功的最稳妥方式。

互联网行业是变幻莫测的，而要在这个变幻莫测的行业里既能抓住发展的时机，又不至于在战略方向上出现大的偏差，是每个互联网行业经营者需要解决的问题。马化腾解决问题的方案是谋定而后动，正是这样的企业经营哲学使腾讯在发展的道路上少走了许多弯路。QQ邮箱靠后发优势取得成功就是最具代表性的事件。

相对于其他电子邮箱来说，QQ邮箱出现得相对较晚。然而，正是这较晚的因素促进了QQ邮箱的后发优势。

首先是在速度上比其他邮箱更为迅速。QQ邮箱采用了自行研发的独立收发系统，使用内部定义的全新通信协议，这就使得在传送文件的时候速度更快。用户规模决定着邮箱设计的难度，相对于很多千万级的邮箱来说，QQ邮箱是市场的后来者，在技术应用上它克服了很多先入者的缺陷，这也使QQ邮箱的传送速度得到了大幅度的提升。

其次是在用户名上得到了改善。QQ邮箱采取了QQ.com的域名与任意多个用户名。QQ.com的域名简单易记，更为邮箱增添了魅力。除此之外，QQ邮箱还允许用户定义多个用户名，但与QQ客户端一对一对应捆绑。也就是说，在name@QQ.com中，用户可以设置不同的用户名，这就相当于分别拥有了多个邮箱，这样做就能避免不同用户名需要重复登陆，这对传统邮箱来说是一种极大的进步。

再次，QQ邮箱还有很多个性化功能。这种个性化功能包括可以在邮件中插入QQ表情；登陆QQ时，QQ mail将与QQ客户端同时运行；可以使用QQ秀作为邮件签名等。同时，QQ邮箱还有撤回邮件的功能，这个功能可以在对方没有接收之前收回发出的邮件。这些功能的出现都是因为QQ邮箱的后发优势。也正是这种后发优势，给用户带来了全新的使用体验，赢得了越来越多的用户。

马化腾深知后发优势的重要性，所以他在经营腾讯时非常谨慎，不会去争第一。在他看来争第一是没有任何意义的。马化腾不赞成一开始就烧钱圈地的做法，而是崇尚要逐步发展，保证稳定，控制好成本。但这并不是说马化腾不注重先发优势，腾讯也会做一些小的创新和尝试，但马化腾认为在网游和电子商务等比较大的项目上一定要后发。在这些项目上，企业相关人员需要仔细思考，如果没把握，宁可不做，也不能给企业造成浪费。

谋定而后动，是马化腾能够取得成功的重要原因。腾讯团队在每次做出决策的时候，都会经过深思熟虑。正如马化腾所说："大家是互补的，我不是所有东西都看得准，争论让我们不会头脑发热。看起来我们做的事情很多，但都是经过了深思熟虑的，操作的时候谨小慎微，比较注重成本。"

在这种企业经营理念的指引下，腾讯取得了非常好的发展，网游的收入节节攀升，甚至出现了数倍增长的局面。马化腾的这一理念，为很多企业经营者提供了经营企业的参考。不要总是想着去做第一个吃螃蟹的人，要在他人的经验之上经营企业。

马化腾如此看重后发是因为后发对于企业的发展具有非常大的推动作用。后发可能让企业在激烈的竞争中难逃被淘汰的命运，但在不同的市场发展阶段，总是有一些企业依靠后发脱颖而出。

后发有天然的优势。这就好比两个人赛跑，先跑的人除了时间优势外，其实会面临各种危险，他可能跌入山谷、掉入池塘。而后跑的那个老兄则可以避开这些陷阱，这就叫"后发优势"。对于企业发展来说，这种后发优势十分明显。具体来说，后发企业存在以下两个方面的优势。

首先，是企业制度学习的低成本优势。制度对于企业的发展具有非常大的作用，甚至可以说，制度决定了企业的发展。而制度是需要通过不断创新才能逐步完善的，同时，创新的过程伴随着不确定性。后发，能够让企业借鉴成功企业的管理模式，降低这种不确定性，从而减少在制度探索方面的费用。同时，借鉴良好的制度，可以在企业管理上少走弯路，使得企业管理有章可循，这就可以降低企业在管理上的实施成本。

其次，是产品研发的成本优势。对于产品，特别是科技含量高的产品来说，企业需要在研发上投入大量的人力、物力、财力，并且整个研发过程会耗费大量的时间。此时，第一个吃螃蟹的人就会是花费最高的，而后发者则能借鉴他人打造产品的理念与方式，缩短产品研发的时间，减少在人力、物力、财力上的浪费。同时，由于有经验可以借鉴，还能够提升产品开发的成功率。

☒ 展开金字塔布局战略

对于企业发展来说，金字塔布局战略对企业发展有很大的促进作用。腾讯在发展的过程中也运用过这一发展战略，并且取得了非常好的效果。2005 年之前的腾讯在不断的摸索中创建了一套比较有特色的发展战略，这个战略就是金字塔布局战略。这一金字塔布局战略在腾讯游戏上体现得最为明显。

腾讯在 2003 年初开始涉足游戏市场，由于是刚进入这个领域，所以在发展的过程中走了一些弯路。经过不断总结经验教训，腾讯最终决定将棋牌游戏作为向游戏市场进军的切入点，并建立起了 QQ 游戏门户网站。马化腾的这一切入点无疑是非常正确的，QQ 游戏仅仅经过一年的时间就发展成为国内第一大休闲游戏门户。在运营棋牌类休闲游戏的基础上，腾讯还涉足了网络游戏，在 2004 年 12 月发布推行中型网游《QQ 堂》。中型网游《QQ 堂》位于金字塔的中端，而在金字塔的顶端，则包括了《QQ 幻想》在内的大型网络游戏。正是在这种高、中、低的搭配中，腾讯游戏取得了非常好的发展势头，击败了很多竞争对手。

当然，腾讯金字塔的布局战略不仅仅体现在腾讯游戏上，还体现在腾讯的整个业务发展过程中。在这个金字塔的布局中，腾讯创建了四个平台：第一个平台是我们的即时平台 QQ，其次是 QQ.COM，再次是 QQ 游戏，最后是 QQ 网络社区平台。这就是腾讯早期的金字塔布局模式。

腾讯的金字塔布局战略是根据腾讯公司短期、中期、长期不同阶段的发展，在 QQ 平台上实施的企业发展战略。这个金字塔战略是不断发展的，是根据互联网的发展而不断调整的。正如马化腾所说："在.COM 游戏网站的平台上，我们努力建立社区的业务。我们也有获取信息的需求，还有重点的业务——互动网络游戏产业，还有我们近期要推出的拍拍网电子商务网站，这关乎腾讯未来 5 到 10 年的发展，最下面的 IP 互联网是基于 PC

的平台。但是在未来手机3G平台上，以上这几个业务都可以成长在我们的无线终端上，还有家庭的终端网络上。"

马化腾所说的就是腾讯完整的金字塔布局战略。马化腾之所以要打造这样的产业布局，主要是因为2005年10月腾讯遭遇了IM互通的围追堵截。为了应对竞争对手的不断围追堵截，马化腾结合腾讯自身的特点，打造了这一金字塔布局战略。在这个布局战略中，电子商务位于马化腾金字塔战略布局的塔尖位置，涉及从信息传递、知识获取，到群体交流、资源共享，再到个性展示、互动娱乐等各个方面。

金字塔布局战略对于企业的发展有很大的促进作用。不仅是腾讯依靠这种战略取得了飞速的发展，化妆品巨头欧莱雅也依靠这种战略取得了很好的发展。

欧莱雅为了打入中国市场，也采用了品牌金字塔战略。欧莱雅公司在进入中国市场前，就做了多方位的研究，这其中就包括其在全球开展的金字塔品牌战略是否适合在中国发展。经过不断的研究，欧莱雅最终在中国推行了品牌金字塔战略布局。欧莱雅在中国的品牌框架包括了高端、中端和低端三个部分。

高端产品，也就是塔尖产品，主要有3个品牌。高端第一品牌是产品品质和价位在欧莱雅品牌中属于最高的赫莲娜（HR），这个品牌主要面对偏高年龄的消费群体，并且这一群体有非常强的消费能力；第二品牌是在中国销量最高的高档化妆品兰蔻（LANCOME）；第三品牌是把具有一定消费能力的年轻时尚消费者作为消费主体的碧欧泉（BIOTHERM）。处于塔尖的这3个品牌主要在高档的百货商场进行销售。

塔中部分是指欧莱雅的中端品牌，主要有两种：一种主要有薇姿和理肤泉两个品牌，这两个品牌主要通过药房进行销售。

低端产品，也就是塔基产品，一共有5个品牌。其中包括：具有护肤、彩妆、染发等产品的巴黎欧莱雅；还有并购过来的本土品牌羽西和小护士；以及来自美国的大众彩妆品牌美宝莲和染发产品卡尼尔。

这就是欧莱雅公司在中国的金字塔品牌战略布局。这一战略布局为欧莱雅公司打入中国市场起到了重大作用。薇姿在通过药房销售的活性化妆品市场，兰蔻在高档化妆品市场，欧莱雅染发在染发的高端市场，美宝莲在彩妆市场分别占据了第一的位置。

就此，我们不难发现腾讯实施金字塔布局战略的原因所在。金字塔布局战略实质上就是多品牌战略的完美组合，这种战略可以最大限度地占有市场，对消费者实施交叉覆盖，且降低了企业的经营风险。即使一个品牌失败，对其他的品牌也没有多大的影响。腾讯在 2003 年打造腾讯游戏时利用这种战略，就是为了在低端、中端、高端游戏产品上齐发力，争取全面覆盖市场，同时能够增强抵御游戏市场上其他公司带来的压力的能力。

对于互联网企业来说，金字塔布局战略更能促进其发展。在互联网时代，价格战已经是愈演愈烈，互联网企业要想在价格战中捍卫其主要品牌，就要展开金字塔布局战略，把那些低端品牌作为小股部队，对发动价格战的竞争品牌以迅速的打击，将竞争者置于死地。与此同时，要把主力品牌放在金字塔的中端与高端。这种高、中、低相互搭配的产品布局模式，无疑能够增强企业的竞争力。

⊠ "手媒体"时代，决胜移动客户端

手机是什么？最初，它不过是一部能移动的电话，现在却变成了一台迷你的个人电脑，人们可以用它来读书、看报、看电视、游戏、购物……你可能想不到：每个中国人平均每天摸手机 150 次。

当移动互联网的大潮汹涌而至，手机变成了一个自媒体，"人人都是发布者，个个都有麦克风"，博客、微博、微信、手机客户端的盛行宣布了"手媒体"时代的来临。身处互联网浪尖的腾讯，很敏锐地嗅到了新的商机：随着手机移动业务技术的迅速发展，顾客都聚集在手机移动端，谁先抢占这个市场，把客户吸引到自己的产品中来，谁就是赢家！

2016年，在中国"互联网+"峰会上马化腾发表了演讲，其中说道："就我们所处的'互联网+通信'的传统电信领域来说，运营商已经非常地拥抱像微信等这种以新生代的数据为主的互联网通信的方式，而且合作得也非常好，整个传统电信业从话音、短信为主转向以数据消费为主，这样的商业模式已经顺利地过渡。过去的摩擦已经不复存在，我们现在是联手一起展望未来的发展。"

马化腾很好地抓住了手机互联网时代来临的这一时机。开放朋友圈的广告投放，虽然用户对这一做法褒贬不一，但是对于腾讯来说微信广告必然是新的收入增长点。据有关媒体报道，2014年腾讯就微信朋友圈广告收入这一项就达到了年收入100亿元。这不得不说是一个庞大的数字。我们不禁想知道微信到底还能为马化腾赚多少钱。

由此可见，领导人的经营策略对企业来说是多么的重要。企业为了实现生存、盈利、发展的理性目标，就必须要选择好经营策略，否则，企业的目标就难以实现。

企业只有制定合适的经营战略，使所有人都能按照经营战略安排日常经营活动，才能保证企业既充满活力，又能够有序发展。正是从这个意义出发，我们强调企业经营战略是企业的行动纲领。

用自己的方式，发力、前进

☒ 建立口碑要从高端用户下手

对企业来说，要想在竞争中取得优势地位，就要懂得去赢得口碑。有口碑才能赢得用户的喜欢，有用户企业才能赢利、才能得到发展。很多企业管理者都已经意识到口碑对于企业发展的重要性，都在口碑创造上下功夫。然而，在重视产品口碑的背后，还存在着产品是应该迎合大多数用户，还是伺候好高端用户的疑问。很多的企业经营者认为要迎合大多数用户，然而在马化腾看来，产品获得口碑的关键，不是怎么"对付"沉默的大多数，而是怎么"对付"高端用户。

对此，马化腾有他自己的理解："我以前的思路是抓大放小，满足大部分用户的需求。但是现在发现高端用户这块是真正可以拿口碑的。"在打造口碑上，马化腾的产品打造理念是："不要得罪那些高端用户。"依靠这些高端用户来获得口碑，就需要在产品的设计上做到大气。对此，马化腾也专门提过这一点。

"如何提升高端用户的关注度，这是在基础功能比较好的情况下必须要考虑的问题。如邮件搜索、RSS聚合等，这些只有高端的用户才会关注，在有能力的情况下我们要保证。在产品已经成型的情况下，对待高端用户的心态也要不一样。比如，允许用户在QQ邮箱上使用别的邮箱。之前，我们认为并不能这么做，我们会让用户不方便使用外部邮箱地址，以求使用我们自己的邮箱，但是这些做法，高端用户是看得出来的，所以要改掉，只有这样才算是真正地方便用户。"

我们不难发现，马化腾之所以关注高端用户，其目的就是为了建立口碑传播起点。相对于普通用户来说，这些高端用户了解产品情况，如果单单是用迎合普通用户的产品来迎合他们是很难奏效的。高端用户的看法左右着大众消费者的观点，大众消费者会因为高端用户的行为而深受影响，产品消费就会得到提升，产品口碑也会因此而形成。

在竞争日益激烈的时代，口碑对于企业的发展是相当重要的，口碑的形成是企业得以在竞争中取得优胜地位的重要决定因素。口碑的形成来源于产品，产品的好评来自于用户，而高端用户在这个过程中发挥着重要的作用，他们的消费观念对整个消费市场是有导向性的，能够促进大多数消费者消费行为的发生。所以，马化腾强调腾讯要关注高端消费者，要在高端消费者身上拿口碑。而要在这些用户身上拿口碑，产品就要迎合这些用户的需求，为用户打造良好的产品使用体验，以此来赢得他们的信赖与喜欢。

相对来说，高端用户是最容易接受新鲜事物的群体，其要求的标准比较高。作为企业经营者，要深入理解高端用户的需求方向，千方百计地满足高端用户的需求，这样做产品才能得到越来越多用户的青睐。

⊠ 互联网时代，谁也不比谁傻5秒钟

在互联网时代，"快"是企业经营的利器。一旦速度下降，就会有解决不完的问题。互联网是一个快速发展的行业，新事物每天都在产生，用户需求也在日新月异地发生着变化。这就导致了互联网行业竞争非常激烈，在这种市场环境下一旦速度跟不上，就有被淘汰的危险。

但仍然有很多人意识不到这一点，他们在经营企业的时候，总是喜欢铺大摊子，喜欢追求完美，认为产品唯有尽善尽美才能推出去。但在马化腾看来，这种做法是非常不明智的。他认为在互联网时代，谁也不比谁傻5秒钟。速度跟不上，必然会被对手赶上，甚至超越。同时，他还说："市场从来都不是一个耐心的等待者，在市场竞争中，好产品往往是从不完美开始的。"既然如此，马化腾给企业经营者的忠告是：小步快跑，快速迭代。快速推出产品，然后每天坚持发现、修正一两个小问题，产品很快就能在这种不断的改进中趋近完美。《QQ农场》就是其中的代表。

《QQ农场》团队深知，互联网产品的需求不是通过几个月的用户调研、市场调查、产品规划就能弄清楚的，必须在市场的不断检验中去完善，不断变得完美。《QQ农场》团队深知用户是最好的指南针，产品只有让用户迅速感应，才能让产品不断得以升级进化，才能让产品保持领先的地位。基于这种考虑，《QQ农场》团队采用了敏捷迭代的"极速模型"开发模式。在这种模式下，《QQ农场》团队平均每天至少会发布一个版本。他们这样做就是腾讯"小步快跑，快速迭代"产品打造思维的体现。

为了能够尽快完善产品，《QQ农场》的产品研发团队包括项目经理、UE设计、产品、后台开发、前台开发、测试、运维等成员。在这个团队里，各个角色之间相互协作，把迭代开发周期定为1周。在这种产品打造模式下，《QQ农场》并非在迭代结束时才进行交付，而是在一次迭代中完成多次交付和发布过程。

经过这种快速的交付和发布，《QQ农场》团队想达到的目的是让用户尽快使用新产品，进而能够迅速得到用户反馈的信息，依靠用户反馈的信息来对产品不断作出调整和完善。最终，在不断的改进和完善下，《QQ农场》成长为一款极受用户喜欢的产品。

维持快速迭代的渐进式创新是腾讯产品持续成功的重要因素之一。很多移动互联网公司经常推出测试版进行封测、公测等，也是这个道理，先设计出产品，然后依靠用户的集体智慧来完善产品。

用户才是最好的产品制造者，最明智的打造产品的做法是把产品迅速推向市场，依靠用户的反馈来不断改进，最终打造出完美的产品。

互联网行业经过不断发展，已经迈入了移动互联网时代，PC互联网进入平台期。在移动互联网时代，产品为王的时代再度来临。马化腾表示，移动互联网已是大势所趋，在这个时代所有人都要勇敢拥抱变化。现在这个时代最重要的变化就是产品的爆发期在3—7天内，决胜期在1个月之内。如果想成功，就要在开发的过程中小步快跑，快速迭代，这才是互联网企业制胜的关键。

正如马化腾所说，互联网时代，谁也不比谁傻5秒钟。产品推出去并不代表就定了局势，平衡随时会被打破。不想被打破，就要勇于改变，实现快速迭代。企业经营者不要妄求完美，完美很多时候代表着死亡，因为在大多数企业经营者的眼里，完美就代表着一劳永逸，怠惰也就因此产生，走向颠覆是在所难免的事。要避免被颠覆，就要小步快跑，快速迭代，让用户来成就完美的产品。这是互联网时代对速度的要求，一个连速度都跟不上的企业迟早都会被同行超越，被市场颠覆。所以，企业要在速度上下功夫，通过不断地更新迭代来适应市场的需求，适应用户的需求，从而增强产品自身的竞争力。

◼ 在商机出现时全力压上去

机遇是给予有准备的人的，但如果有准备的人多了，机遇肯定是给予第一个到达的人。对于企业管理者来说，要有把握商机的能力，在商机出现的时候一定要全力压上去。任何一个企业如果不能把握商机，肯定会与良好的发展机遇失之交臂。

马化腾深知商机对于企业发展的重要性，所以在每一个发展的节点上都会在商机出现的时候紧紧抓住。正因为如此，腾讯的很多产品都能抢占市场发展的先机，进而在市场竞争中拔得头筹。微信就是这么一款产品，微信之所以能在中国取得这么好的成绩，正是因为看到了商机，并及时做了决定。正如马化腾所说："当一个新的商机出现的时候，或许很难判断它的重要性，也很难知道如何去做，但是一定要尽早做决定，这样才能不至于丧失先机。"在把握商机的前提下，打造出的微信深受用户的喜欢，也为腾讯的发展起到了非常重要的作用。

其实，腾讯对商机的把握不仅仅体现在微信这一款产品上，腾讯微视也是把握商机的最具代表性的产品。

2013年10月，福布斯中文网公布了2014年社交媒体营销的七大趋势，其中之一是像Vine和Instagram的视频分享功能等微视频日益流行。这种新事物的流行意味着任何一家企业如果能抓住这个商机，就能取得良好的效果。腾讯及时抓住了这一商机，推出了腾讯微视，主打微视频分享，受到了明星名人以及广大网友的追捧，取得了良好的成绩。

腾讯微视是腾讯打造的一款独立APP，用户通过QQ号、腾讯微博、腾讯邮箱账号便可登录，用户可以将拍摄的短视频同步分享到微信好友、朋友圈、腾讯微博。微视频的限制时间是8秒。微视聚集了娱乐、搞笑等各种分类内容，在所有的微视频中依靠独特的风格深受用户的喜爱。腾讯微视的出现，让用户轻松实现了从文字、图片到视频的升级，社交元素也变得更为丰富。用户可以利用腾讯微视来传递更及时、更丰富的信息，只要拥有带摄像头的智能手机，都能拍摄、上传、分享，并且操作也非常简易、便捷，能够吸引更多不同年龄、不同文化水平的人群。这就是"微视圈子"能够取得快速发展的重要原因。

随着互联网的发展，微视频已经越来越受到用户的喜欢，隐藏着巨大的商机，腾讯紧紧地抓住了这个商机，打造了深受用户喜欢的腾讯微视。

我们不难发现，企业成功的关键就是要把握商机，要快人一步，要比竞争对手更迅速地掌握未来的动态、未来的资讯、未来的走向。台塑的创办人、被誉为台湾"经营之神"的王永庆认为，不论做任何事情，若能抢占商机、先发制人，就算是多了一分胜算。

"兵贵神速"历来为兵家所推崇，古今中外的军事家都强调"速战速决"的作战思想。战争中，时间就是胜利的保证，谁抢先占领了战争的先机，谁就最有可能取得战争的胜利。《孙子兵法》的开篇就对旷日持久的战争对国家和民众造成的伤害进行了详细的论述，并提出了进攻作战应该速战速决，宁可"拙速"，不可"巧久"。

对于企业来讲，竞争的核心问题同样是速度的竞争。这就需要在商机出现的时候，抢占先机。马云就是抢占商机的高手，阿里云手机的推出就是最好的证明。

2010年，云计算的概念开始成为互联网的前沿领域，乔布斯的苹果公司 iOS 系统下的应用首先成功商业化。苹果移动设备和应用模式的推广，迅速消解了传统互联网和非智能机设备的市场优势。这一年，苹果超越摩托罗拉成为美国最大的手机制造商。按照全球手机出货总量计算，苹果在全球手机市场的份额已达到 19.1%。

在中国市场上，在移动互联网蓬勃发展的压力下，诺基亚塞班系统开始全线溃退，国内市场上的各方势力都开始向智能机市场和移动互联网寻求新的机会。一夜之间从深圳电子市场"华强北"中撤退出来的手机硬件厂商，都涌向了智能机市场。

被挤压了利润的 GSM 手机厂商，中国作为世界工厂拥有的成熟的制造工艺，苹果和三星公司在中国的混战，这些都刺激了网络运营商敏感的神经。既然靠软件发家，不懂硬件的乔布斯可以带领苹果获得成功，谁又不能成功呢？素来布局上先人一步的马云，在空气中嗅到了商机。

在苹果发布 iCloud 鼓吹云概念之后不久，2011 年 7 月 28 日，早就坐不住的马云让旗下的阿里云抢先推出云操作系统手机。这款看上去像是模仿诺基亚的手机是与国产手机商天语合作制造的。阿里云总裁王坚宣称应用与服务来自阿里云，而不是苹果和谷歌系统的 APP 客户端。

据说，阿里云手机给了马云深深的震撼。马云说，自己第一次玩手机超过 15 分钟，以至于在深夜错过了登机时间。上飞机前王坚问马云在哪里，马云说要去北京，就快登机了。王坚说，停一会，看一下阿里云手机。晚上两点，王坚再次给马云电话，马云说自己误机了。马云一时逢人便展示阿里云手机前所未有的业绩：上架 15 分钟便在天语官方旗舰店卖了 1000 多台。

马云的案例说明企业发展要懂得把握商机，这与马化腾强调的商机出现的时候要抢占的理念是一样的。马化腾强调要把握商机，其实就是在强调要比拼速度、比拼时间利用效率。在商业活动中只有充分重视时间，才有可能把握住稍纵即逝的商机。

要想充分利用好时间，就要有非常敏锐的市场触角，要能及时有效地把握市场商机，如此才能赢来成功。反过来讲，如果发现商机后犹豫不决，没有及时采取行动，这个机会就有可能白白地从身边溜走。在马化腾看来，现代企业的竞争，就是商机的竞争，是速度的竞争，大家都在追求速度，只有以比竞争对手更快的速度抢占先机，企业才能获得真正的价值和额外利润，并在竞争中取胜。

规避风险，谋定而动

☒ 跟不上，就会倒下

马化腾认为，企业不管在任何时候都要有忧患意识，要随时做好准备、苦练内功。腾讯虽然已经成为最大的互联网公司，但是马化腾的忧患意识依然强烈，特别是在移动互联网的时代到来后，他的这种忧患意识显得更为明显。正如他所说："腾讯虽然现在市值很高，但我们很怕，稍微不注意，跟不上就会倒下，巨人倒下时，身上还是暖的。虽说你拿到了什么船票门票，但能不能走下去还不一定，还要很深的思考。"

马化腾有这样的理念，在经营企业的过程中时刻都把这种忧患意识体现出来。腾讯做门户、做搜索、做网游、做团购，等等，布局这些产品就是马化腾忧患意识的体现。互联网时代，产品日新月异，互联网产品已经渗透到生活中的各个方面。在这种情况下，企业是否能够赢得用户，关键在于是否能够占领市场，而要想占领市场，企业就不能偷懒，要认真研发产品，思考企业经营模式。马化腾在互联网时代的忧患意识促成了腾讯的成功，使其逐渐成长为互联网巨头。

马化腾曾说，如果微信不是腾讯的，那么腾讯就完了。虽然腾讯依靠微信，在移动互联网时代取得了非常大的竞争优势，但是眼下如日中天的微信没有让马化腾感到高枕无忧，他仍然有很强的忧患意识，在移动互联网布局上丝毫都不肯放松。马化腾认为腾讯要把大部分精力挪到手机端，根据他的想法，腾讯在移动支付、保险、互联网金融等更多领域进行移动互联网的布局。

马化腾的做法告诉企业经营者，不管企业做到多大，都要具备忧患意识。因为，明天终归要来，并且一定与今天不同。到那个时候，即使是最强大的公司，如果没有为迎接未来做好充分的准备，也一定会陷入巨大的麻烦之中，甚至会丧失自己的个性和领导地位。而要杜绝这一现象的出现，企业经营者应该具有超前的忧患意识。从众多的企业盛极而衰的经验中可以看出：企业最好的时候，可能就是走下坡路的开始；产品最畅销的时候，往往也是滞销的开端。这一点，在美国的百事可乐公司身上得到了充分体现。

百事可乐公司是国际著名的大企业，但就是在公司事业如日中天的时候，总经理韦瑟鲁普却开始担心碳酸饮料市场将会走下坡路，同业之间的竞争也会变得更加激烈。

如何激发员工的工作积极性，使百事公司的员工们相信，如果他们不拆散这部金钱机器，并重新把它建立起来，公司就有可能走向衰亡呢？韦瑟鲁普制造了一场"危机"。

韦瑟鲁普和销售部经理重新设计了工作方法，重新规定了工作任务，要求年收入增长率必须达到15%，否则企业就会失败，百事可乐公司也将不复存在。

这一要求听起来可能有些危言耸听，但也在一定程度上反映了市场竞争的激烈程度及可能由此会引起的后果。最终，韦瑟鲁普完成了其在公司生涯中一次最艰巨的行动，即被他称为"末日管理"的战略。

百事可乐公司的"末日管理"法，充分运用了各类资产，使公司的现有设备等得到了最大限度的利用，减少了资金的占用，使得资产的循环周转顺畅起来，一些日常管理的节奏也加快了速度，公司的经济效益不断提高，事业开始蒸蒸日上。百事可乐的做法告诉企业经营者，要有忧患意识，要居优思劣、居安思危、居盈思亏、居胜思败，其目的就是为了预防危机的到来。

海尔总裁张瑞敏曾说过："没有危机感，其实就有了危机；有了危机感，才能没有危机；在危机感中生存，反而避免了危机。"比尔·盖茨也是具有忧患意识的代表。他历来以悲观的论调谈论微软，即使在微软最鼎盛的时期，他也一再强调微软离破产只有 18 个月的时间。当微软利润超过 20% 的时候，他强调利润可能会下降；当利润达到 22% 时，他还是说会下降；到了今天，他仍然说会下降。他认为这种危机意识是微软发展的原动力。微软著名的口号是：不论你的产品多棒，你距离失败永远只有 18 个月。

现在，有些企业经营者不具备忧患意识，在顺境中他们神气十足，盲目乐观，被眼前的繁荣冲昏了头脑，认为企业的日子还好过，有什么可怕的，所以不愿去开发新产品，不去开拓市场，依赖原有的那点优势和长处坐吃山空，不思进取。久而久之，优势没了，市场也随之消失，企业的末日真的来临，那时只能惨遭失败，跌进低谷，从此一蹶不振。因此，企业管理者有责任以未来的眼光关注企业的战略，从忧患意识出发强化战略的预见性和未来性，将危机消灭在萌芽状态。

⊠ 抢占先机，企业制胜的关键

在竞争日益激烈的环境下，互联网企业之间的竞争可以用惨烈来形容。各个企业在互联网行业展开角逐，争相跑马圈地，占据新领地。要想取得胜利，就要"抢"，"抢"才能占据先机。

互联网企业在互联网金融方面的争夺也是激烈异常，互联网巨头们看中了互联网金融这块风水宝地，纷纷抢滩。腾讯与阿里巴巴之间的竞争体现出了"抢"的重要性。

阿里巴巴一直在互联网金融上发力，并且互联网金融也对阿里巴巴的发展起到了重要作用。阿里巴巴抢滩互联网金融的第一利器当属支付宝，经过长时间的发展，支付宝引领了整个第三方支付平台行业的发展。随着移动互联网的发展，阿里巴巴还推出了支付宝钱包。

同时，阿里巴巴通过成功控股国内一家基金管理公司天弘基金，涉足国内目前如火如荼、规模已达数十万亿元人民币的资产管理行业，并且这一举措取得了很好的成绩。经过发展，天弘基金一举超越华夏基金，成为规模最大、客户最多的基金公司。

阿里巴巴在互联网金融上做出的努力不仅限于这些，还在积极布局银行、保险领域。牵手民生银行，在直销银行业务、资本合作与结算、信用卡业务、信用支付业务等方面展开战略合作；与中国平安合作推出了众安保险。

面对互联网金融的竞争，腾讯自然也不甘落后。腾讯旗下的微信在2014年1月推出"理财通"，该理财平台由腾讯与多家基金公司合作。2014年春节期间，腾讯旗下"财付通"率先与华夏基金合作推出了基于理财通的类余额宝产品。之后，腾讯与国金证券达成战略合作，推出首支互联网金融产品"佣金宝"，投资者通过腾讯股票频道进行网络在线开户，即可享受0.02%的交易佣金。

除此之外，腾讯与阿里巴巴在互联网金融方面的竞争体现在金融服务平台上的竞争。为了打造出色的金融服务平台，阿里巴巴做出了大幅度的收购动作，腾讯也摆出了姿态，宣布入股大众点评，以20%的股份与大众点评达成战略合作关系，双方将共建O2O生态圈。同时，腾讯在微信上还推出了微信支付功能，此外还在"我的银行卡"中上线了"今日美食"板块，力求通过这一系列的动作为用户打造完美的互联网金融服务平台。

阿里巴巴与腾讯之间的互联网金融战还体现在对打车软件的争夺上。

2014年3月3日，阿里巴巴发布对"快的打车"和支付宝钱包新的补贴方案：从3月4日零点开始，乘客无论是用支付宝支付车费还是支付宝扫码付费，补贴均由此前的每单补贴13元下调为10元，司机端用支付宝收费不变，南京仍是10元每单；不过扫码收费的补贴由10元下降为5元，单数也限制为每天5单。针对阿里巴巴的这一策略调整，腾讯也作出了回应，不但恢复了此前嘀嘀打车微信支付的高额补贴，还宣布将通过赠送腾讯热门游戏道具的方式，鼓励用户使用微信支付"嘀嘀打车"费用。

通过腾讯与阿里巴巴之间的竞争我们不难发现，两家企业在互联网金融竞争上体现出一个"抢"字。要做到抢占先机，快人一步，比竞争对手更迅速地掌握未来的动态、未来的资讯、未来的走向。台塑的创办人、被誉为中国台湾"经营之神"的王永庆认为，不论做什么事情，若能抢占先机、先发制人，就算是多了一分胜算。已经发生的新事物预示着产业的重大改变，企业只能接受它并顺势而为，才能抢在对手前面获得成功。

移动互联网时代的到来使市场格局正在发生根本性的转变。手机超越PC成为第一大上网终端。当亿万网民融入移动互联网的同时，各大互联网公司分别进行积极布局。腾讯、百度、阿里巴巴、盛大、360等多家互联网公司纷纷发力移动互联网，来抢占移动互联网的入口。的确，随着手机以及平板电脑等多种移动终端的兴起，现在人们上网越来越倾向于使用移动终端。要想在移动互联网的竞争中取胜，企业要做的就是快速布局移动互联网，抢得先机。

在发展的过程中，察觉机会，抢占先机，是各企业制胜的关键。在全球主要经济体之间的竞争越来越注重强化产业竞争力与创新能力的今天，互联网企业在维护传统业务的同时，更应把握未来竞争趋势，力争在若干重要领域实现自主创新和提高核心竞争力的新跨越。在互联网时代，对企业的挑战是严峻的，企业经营者在发展的过程中要有正确的思路和措施，而抓住主要矛盾，想尽一切办法抢占先机，才是企业制胜的秘籍。

⊠ 顺应趋势，逆流而上往往会惨败

对于企业管理者来说，要想在未来的竞争中取胜，就要顺应潮流。马化腾在题为《通向互联网未来的七个路标》的演讲中阐述了这一观点。在这一演讲中马化腾说道，巨人要想不倒下，就要有顺应潮流的勇气。

然而，顺应潮流曾经不是马化腾的性格，马化腾一向都是"沉着型"的领导，正是因为在马化腾的沉着领导下，腾讯才能在互联网这个以混乱著称的行业里规范运营，并最终成为最大的互联网公司。在企业经营上，马化腾是非常理智的，他总能保持冷静。

当越来越多的即时通信软件选择与竞争对手实现互联互通，腾讯却不准备太早顺应潮流。马化腾并不否认前端软件的开放并非难事，但让他不作为的原因是：QQ后台的软件非常复杂，需要6000台服务器协同工作，开放带来的不是服务的丰富，反而可能破坏自身的稳定性。

马化腾的不顺应潮流，还体现在腾讯的上市上。当众多的企业奔赴纳斯达克上市，马化腾却没有从众，而是选择在香港上市。对于这一点，马化腾有自己的理解："承销顾问里，6家建议在香港，4家建议在纳斯达克，3家建议两边同时上，搞得我头都大了。香港上市公司的平均市盈率比美国低，但如果我是香港的龙头股呢？"

事实证明，马化腾的这种做法是非常明智的，腾讯自从2004年6月16日在香港上市以来股价稳步从4港元升至10港元。其市盈率达36倍，远高于在美国上市的网易和新浪。

马化腾并不是一个太善于顺应潮流的领导。但随着时间的发展、市场的发展，市值2000亿美元的诺基亚最后以4亿美元抛售手机业务，黑莓公司以40亿美元的价格依然难觅买主，这两个事例给了他很大的启示，让他懂得了稍微没有跟上形势就可能会倒下。马化腾开始认为企业经营者要有顺应潮流的勇气。

时代在发展，市场在变幻，创新层出不穷，谁都搞不清楚到底谁会是赢家。要想取得成功，就要有顺应潮流的勇气。互联网企业一齐上演着"百团大战"，谁能最终胜出还不得而知。但可以肯定的是，谁顺应了互联网的发展趋势，谁才可能在未来的大战中立于不败之地。

❖ 多元化，增加抵抗风险的能力

在谈到腾讯2017年的几个发展方向时，马化腾说，腾讯只是想提供一个基础设施，让内容生产者自己决定哪些内容免费，哪些付费。因为这本身也是内容生产者的刚需。过去这些内容生产者的盈利方式可能是靠尾部广告，或者是加入腾讯的广告联盟。但在推出付费阅读后，内容生产者就多了一个盈利的方式，而且这还可以激励他们生产出更优质的内容。这会让整个产业更加多元，对产业是有好处的，腾讯不会代替内容生产者做决定，只是丰富了公众号的管理手段。

对于企业经营者来说，什么时候都要想着企业的发展战略。要想让企业取得更好的发展，企业经营者要做的就是想出适合企业发展的战略。多元化就是绝佳方式。

马化腾是个时刻都有危机感的人，为了让腾讯具备抵抗市场风险的能力，腾讯在马化腾的领导下开始尝试多种业务。这就是我们常说的多元化，而腾讯的多元化是从Q币开始的。

2002年5月，为了适应日益发展的个性化增值服务，腾讯推出了Q币。Q币和人民币的兑换价格是1比1，而腾讯Q币和QQ游戏里的游戏币的比例是1比10000，也就是说，1元人民币=1Q币=10000游戏币。Q币以卡的形式向外发售，其原理和手机充值卡的原理一样。Q币是腾讯公司的内部虚拟货币，用户通过Q币可以在腾讯上购买各种个性化的产品。Q币的出现，使腾讯摆脱了对银行、通信服务提供商等第三方的依赖，同时，又因为Q币采用的是预付款消费模式，这也大大增加了公司的现金流。

Q币只是腾讯推出的一种增值服务，除了Q币外，腾讯还推出了QQ秀、欢乐豆增值服务，这些增值服务使腾讯的销售收入开始迅猛增长，是它们为腾讯在门户和电子商务等领域的扩张奠定了基础。

Q币的推出只是马化腾多元化策略的开始。除了这些增值服务外，腾讯还进入了包括搜索门户、电子商务、第三方支付以及网络游戏在内的全业务竞争。腾讯之所以要进行全业务的竞争，是因为马化腾的危机感。正如他所说："门户可以帮忙黏住用户，网络游戏也可以，增值服务也可以，既然我们在即时通信已满足了90%的要求，为什么不多做尝试？"

马化腾的战略意识让腾讯总能走在市场的前面，他要做的不仅仅是靠赚钱成就财富梦，而是要把一代人的传统生活全都搬到网络上，打造新一代人在线的生活方式，满足人们在信息获取、信息沟通、休闲娱乐和交易这四个方面的所需。正是出于这方面的考虑，马化腾对腾讯的多元化业务进行了深度整合。

"几年来，毋庸置疑的一个事实是，用户的成熟和技术的进步像双驾马车一样驱动着互联网的发展，基于互联网自身的崭新服务正在以前所未有的速度改变着人们的生活方式。人们的上网目的呈多元化发展趋势。正是基于这种多元化的应用环境，深度整合将成为互联网产业的一个趋势，因为它代表了互联网产业价值链的延伸，体现了互联网作为媒体平台、沟通平台、交易平台和增值服务平台间的资源共享模式，以及相互结合所激发的价值。"

马化腾正是依靠多元化来迎接未来可能遇到的危机的。事实正是如此，只依靠一种产品是没有办法抵抗市场上随时都会到来的威胁的，一旦危机到来就只能让企业陷入被动的境地。要改善这种状况，企业就要走多元化道路，不仅马化腾认识到了这一点，亚马逊总裁贝索斯也认识到了这一点。

亚马逊毕竟是独立运营的企业，不是非营利性组织，如果长期不盈利或者不能达到董事会的目标，那么之后的融资发展就会受到很大的影响。亚马逊必须向董事会证明它是可以盈利的。

亚马逊要想盈利，一方面就必须要压缩自身的运营成本，向管理要效率；一方面要增加客户的规模，薄利多销，只有量足够大，才能真正实现盈利。当书籍销售达到一定规模的时候，销售的增长速度趋缓，这时大量投入和缓慢盈利的矛盾又一次爆发了。贝索斯知道要想解决这个困局，就必须拓展销售的产品品类。换句话说，如果亚马逊只卖书的话，早晚是死路一条。这时候拓展到其他产品领域，是比较合适的时机。

此后亚马逊逐步进入音乐 CD 和视频 DVD 的销售领域。销售这些产品的利润率依旧很低，而且亚马逊打折的力度有增无减。贝索斯知道这才仅仅是第二步，这些都不是他的终极目标，只要时机成熟了，他就会继续拓展销售的领域。

再后来，亚马逊进入服装、鞋等产品的销售领域，这些产品的利润率虽然比图书、音像产品要高，但是也无法立刻改变亚马逊的低利润率局面。不过贝索斯似乎一开始就做好了不盈利的准备，这也是当同行、投资人和华尔街一次次对亚马逊产生怀疑的时候，贝索斯根本不为所动的原因。他知道自己在做什么，也知道什么才是亚马逊的终极目标，别人的看法和评价，他根本不去担心。

贝索斯想做的就是通过低价策略薄利多销，以此来吸引更多的人到亚马逊买东西。然后再开始向其他产品扩张，音乐 CD、视频 DVD、礼品、家居产品、衣服、鞋子等等，渐渐形成互联网上的沃尔玛，通过商品的丰富性，摊薄成本，增加利润。

不管是马化腾，还是贝索斯，他们都在依靠多元化来发展自己的业务。而之所以发展多元化业务，是缘于他们的危机意识，他们看到了单一产品在应对危机时的脆弱与不堪一击，所以想要用多元化策略来布局市场，增强自身抵御风险的能力。

对于互联网行业来说，多元化的发展策略是由市场决定的，因为消费者的消费需求是多元化的，一个消费群体中存在不同偏好的几个群体，单一品牌策略往往不能迎合偏好多元化的消费群体，且容易导致品牌个性不明显及品牌形象混乱，而多元化的品牌群则可以很好地避免这个问题。所以，企业经营者要善于走多元化的道路。

成功不走寻常路

⊠ 与众不同，敢于差异化

不走寻常路，才能真正走出路。马化腾深知这一点，所以在做腾讯 SOSO 的时候，就选择了不走寻常路。从 2005 年以来，腾讯又是开门户，又是玩转电子商务，又是做网游，这一系列的举动体现出马化腾构建庞大腾讯帝国的野心。2006年3月2日，马化腾推出腾讯旗下搜索网站SOSO网（www.soso.com）独立承载搜索业务，并致力于为用户提供丰富和有竞争力的互联网信息应用服务。其实，此番大张旗鼓地进军搜索市场，马化腾早在2005年便开始有所筹谋。2005年初，马化腾便与Google开展业务合作，正式启用Google的网页搜索和在线广告等，利用Google的搜索引擎技术为腾讯服务。马化腾总是习惯后发制人，广大的用户已经深刻理解马化腾的这一产品打造方式，所以，在腾讯推出SOSO之后，人们并没有表现出太多的惊讶。

腾讯推出SOSO在很大程度上也是因为马化腾一直致力于为用户打造满足各层次需求的在线生活模式，而归属于"信息传递与知识获取"的网络搜索正能满足用户的这一基本需求。马化腾在这方面做出的努力就是上线SOSO网站，致力于为用户打造一站式、全价值链在线的生活方式。

腾讯SOSO的上线也是因为看到了百度在搜索领域的巨大成功，腾讯想在搜索上发力。虽然一样是做搜索，但是腾讯SOSO走的是不同于百度的路子，除了与百度等其他搜索网站的页面布局、基本搜索内容大致相同外，还具有自己的特色。而其中最大的特色就是集成和整合了腾讯的产品及服务，能够向用户提供对QQ群组、Q-Zone等资源的搜索，并提供了可通过QQ号登陆的"搜吧"服务。此外，腾讯SOSO还可以通过关键词一次性搜索出符合条件的图片、网页、论坛、音乐等所有内容的"综合搜索"，这也是腾讯SOSO最具特色的地方。其实，在当时的市场上有很多做搜索的企业，谷歌与百度是其中比较大的两家，而腾讯要想在搜索市场上站稳脚跟，就要做出差异化。在当今这个时代，有差异化才能有利益，马化腾正是因为懂得这一点，于是在SOSO的综合搜索上下功夫，SOSO独特的竞争力便在于它与腾讯公司其他产品及服务的整合创新。SOSO的优势在于"能够更加专注于满足用户，尤其是年轻网民的实际需求"上。

腾讯SOSO虽然与其他搜索引擎在功能上有相似的地方，但腾讯还是以差异化来体现了自己的优势，赢得了市场。和百度"知道"一样，腾讯SOSO上也有一个网络互动问答的"问问"。这种问答形式的存在为百度带来了数目巨大的用户，同样也为腾讯SOSO"问问"带来了数目庞大的用户。

腾讯SOSO做"问问"是非常正确的，它缘于一种在海量的网络信息里如何快速准确地获取用户想要了解问题的答案的需求。国内互动问答平台出现的时间并不是很长，但发展速度却非常快。"问问"上线仅仅两年多的时间，已解决的问题就超过了6000万个，而百度"知道"解决的问题是4200万个，腾讯SOSO的问答总量甚至突破了2亿个。当时，每天都有超过600多万个网友在腾讯SOSO"问问"上寻找各种问题的答案。腾讯SOSO的成功之处在于53%的"问问"用户在线时长超过1个小时，这是其他很多互动问答平台没法比的。

近年来，中国的搜索引擎市场垄断的趋势越来越明显，腾讯SOSO是后来才上线的，在搜索市场中从一开始就处在二线运营商的境地。面对国际巨头Google、国内搜索老大百度以及其他搜索引擎等，SOSO要想在如此多的强手中突围而出，并不是一件简单的事情。马化腾在打造腾讯SOSO的时候也做到了差异化这一点，腾讯SOSO做到了基于腾讯用户的社区化、个性化、精确化这三个需求。同时，腾讯SOSO还要向智能化和整合性搜索迈进，特别是在整合方面，SOSO将与腾讯的所有服务整合，包括客户端的IM、播放器以及其他服务。

依靠这些差异化，腾讯SOSO在二线运营商成长空间都被压缩的大环境下，搜索请求量出现了持续增长，并在2008年第一季度突破了10亿次。

腾讯SOSO的成功之处在于马化腾在打造搜索引擎的时候做到了不走寻常路。这种不走寻常路的方式让腾讯SOSO与百度、Google等搜索引擎出现了差异化。差异化是腾讯SOSO取得成功的重要决定因素。这就告诉了企业经营者，在打造产品的时候要做到创新，并且创新是独一无二的，要在人无我有上下功夫，让产品在同质化的时代表现出差异化。这种人无我有的功能往往对用户形成巨大的吸引力，促使用户进行产品消费。

对于互联网企业来说更是如此，行业之间的竞争异常激烈，产品的同质化也更为严重，要在这种同质化严重的行业中做出成绩，做出特色，就要敢于不走寻常路。

✕ 用稀缺性吸引用户

互联网企业要想活，就要探寻自己的盈利模式。很多企业用免费来实现自己的目的，也有很多人说免费会让企业倒闭，对此，马化腾给出了自己的观点："不要被'免费'吓倒，拥有'稀缺性'就拥有了破解免费魔咒的武器。"

在2017年的全国"两会"上，马化腾说："掌握技术才能保证战略制高点，当一个浪潮来了的时候，为什么有的公司能做到，有的公司做不到？技术是一个不可逾越的东西。"马化腾强调不要做大多数人都在做的产品，而要让自己的产品是独特的，是他人没有的。腾讯有很多这样的产品，而"洛克王国"就是其中的代表。

"洛克王国"是腾讯公司专门为儿童打造的一个在线绿色社区，社区以魔法王国为主题，小朋友可以在里面体验趣味小游戏，学习丰富的百科知识，还可以和其他小朋友一起交流玩耍。互助、欢乐、绿色是社区的主题。孩子们将化身为一个个小魔法师，在王国里学习魔法、参加兴趣协会、拜访好友、和伙伴们一起做游戏。

"洛克王国"是一款收费的产品。为了实现盈利，腾讯利用QQ平台、网络社区、微信等平台优势，将互联网的形式结合到IP开发和内容运营里，为用户创造更多、更丰富的体验，以求让用户愿意为它付费。

"洛克王国"的成功之处就在于掌控了"稀缺性"。这是一款专门为儿童打造的游戏平台，这在市场上是稀缺的，所以用户愿意去掏钱。只要保持资源的稀缺性，就一定能够破解免费的魔咒。那么，企业应该如何制造稀缺性呢？马化腾给出了两个具体的方法。

第一个方法就是进行长期的大量的品牌投资。

一旦塑造出过硬的品牌，那么就能深深吸引住用户。世界上很多有名的品牌都是这样做的，比如LV（路易·威登）、CHANEL（香奈儿），再比如法拉利。我们可以拿法拉利进行具体说明。

法拉利董事长卢卡·迪·蒙特泽莫罗曾表示，希望法拉利保持绝对的稀缺性。长久的品牌打造战略，为法拉利树立了品牌。为了维护品牌，法拉利控制在全球的销量，以此来确保品牌与产品的稀缺。正是因为有了品牌效应，所以尽管法拉利价格不菲，仍旧能够取得非常好的销量，在跑车市场上独领风骚。

这就是长久品牌投资带来的好处，消费者会为追求品牌而不惜花费重金。因为对他们来说，已经不再是消费产品，而是在消费一种感觉，一种品牌给个人带来的自豪感和愉悦感。

第二个方法是营造独特的体验。

消费者在更多的时候消费的不是产品，而是一种体验，能为用户带来良好使用体验的产品自然能够得到用户的喜欢。即使是花费大量的金钱他们也会在所不惜。为什么那么多人喜欢苹果智能手机 iPhone？虽然iPhone价格很高，但是仍有大量的用户选择这款产品，这主要是因为iPhone能给用户提供独特的使用体验。

iPhone虽然一向价格门槛高，但其独特的用户体验，更贴近生活的操作界面吸引了非常多的忠实的苹果 iPhone 迷。iPhone 系列手机是把时尚和功能发挥到极致的手机，iPhone的外观精美时尚，拥有超薄的机身，简洁的外表，给人一种高端大气的感觉。此外，iPhone 还有强大的功能，更容易上手，拥有强大的管理软件。iPhone 把移动电话、宽屏 iPod 和上网装置三大功能集于一身，通过多点触摸技术，手指轻点就能拨打电话，应用程序也是易如反掌，还可以直接从网站拷贝粘贴文字和图片。

针对iPhone的稀缺性，马化腾有自己的看法："它通过一种整合方式把很多技术整合在一起创造出一个非常好的独特体验。其中它的每一个技术在其他的厂商看来都不是什么高精端的技术，关键是它把这些整合成一个体验，这个就是一个稀缺性。"

所以，作为企业经营者不能仅仅想着依靠"免费"来吸引用户，而应该在"稀缺性"上下功夫，依靠稀缺性来破解免费魔咒。正如马化腾所说："并不是所有有价值的东西就都可以在市场中找到价格，比如空气对所有人来说都非常重要，很有价值，但是没有人去买卖这个空气。为什么呢？空气太多了。这里面提到价值的一个重要前提，就是稀缺性。"产品要想长久立于不败之地，要在众多产品中脱颖而出，从而实现收费，就要依靠稀缺性来吸引消费者。企业要想顺利发展，也要打造具有稀缺性的产品，特别是互联网企业，要想增强自身的实力，让产品更具竞争力，同样需要保持产品的稀缺性。

如何制造稀缺性产品是每一家企业都渴望探究的秘方，这个秘方其实很简单，就像马化腾所说，所谓的稀缺性就是要让产品或者服务"人无我有"。在竞争日益激烈的互联网时代，企业不能再靠数量取胜，而是要靠质量取胜，产品只有体现其独一无二的尊贵价值，才能得到用户的喜欢，才能破解免费的魔咒。

⊠ 打造"一横一竖"的业务模式

对于互联网企业来说，要想实现盈利，就要有数目可观的用户。而要想获得数目可观的用户，就需要在业务上满足更多用户的需求。那么，成功的布局策略就起到了重要的作用。腾讯为了获得更多的用户，通过深度整合的方式，打造了"一横一竖"的业务模式。

腾讯"一横一竖"的业务模式建立在深度整合的基础上，具体的布局方式是以QQ.com门户作为横轴，将QQ.com门户建成"网上沃尔玛"，向用户提供如QQ秀、QQ游戏等尽可能多的产品和服务；同时，QQ、TM、腾讯通等即时通信平台和门户网站将从两个维度叠加包括MMS（多媒体信息服务）、WAP（无线应用协议）等在内的无线增值服务，以此为纵轴和入口来吸引和黏住用户。这种精心打造的在线生活战略的产业布局对腾讯的发展具有很大的推动作用。

腾讯在打造了这样的业务模式后，意识到仅做到这一点对于交易活动来说仍然不够，于是，为了激活这一横一竖的布局模式，腾讯在2002年5月推出了Q币。Q币是由腾讯推出的一种虚拟货币，兑价通常是1Q币=1元人民币。Q币以卡类的形式向外发布，用户通过Q币可以在腾讯上购买各种个性化的产品。

如果说腾讯的一横一竖需要一个激发的媒介的话，Q币就是这样一个媒介。在Q币这个媒介的影响下，腾讯进一步拓展了这种一横一竖的业务发展模式，于是，依靠腾讯门户打造的无线增值服务、互动娱乐服务、网络内容服务以及B2C、C2C和拍卖等电子商务在内的各种产品和服务出现了，腾讯依靠这种模式创建了一个事实上的"网上沃尔玛"。

这就是腾讯打造的一横一竖的业务模式，这种模式是建立在深度整合基础上的。对于为何要创建这样的业务模式，马化腾给出了自己的解释："企业发展必须顺应环境才能有广阔的空间，要说腾讯业务模式的市场前景，首先需要了解未来互联网的发展趋势。互联网企业要开始真正思考并实践如何更好地利用信息通信技术、网络技术、多媒体音视频技术，以及网络海量资源去为用户创造价值。"腾讯打造这样的业务模式的前提是顺应互联网发展的趋势，这种迎合互联网发展趋势的业务模式定然能够为腾讯的发展带来好处，马化腾也对这一业务模式的前景保持了乐观的态度："顺应这种趋势将使互联网应用无论从规模上还是从范围上都迎来雪崩式的增长。"

腾讯通过一横一竖的方式来发展全方位的业务，并且对这些全方位的服务进行了深度整合，打造出了一个让所有用户受益，以此来赢得用户的平台。在这个过程中，对产品与服务进行深度整合是其关键。除了马化腾外，Google总裁佩奇也特别推崇这种业务整合模式。

在这一点上，Google的做法是将这项业务通过纵横发展与该公司的顶级业务整合在一起。这些业务包括网络搜索引擎、视频网站（YouTube）、电子邮件服务（Gmail）、企业排名业务以及移动设备操作系统安卓（Android）。

Google为开设Google账户的每一个人都自动生成了一个"Google+"个人资料页面，用户可以对个人资料页面用户进行设置更改，让自己的资料页面不会自动出现在谷歌的搜索结果里，这样就能保证个人信息的安全。同时，在这次整合中，Google账户可以使用"Google+"来与朋友们或与其有共同兴趣的其他"Google+"用户分享照片和想法，打造数字化的朋友圈子，与朋友在"Google+"上互动。

虽然这一整合的做法在Google内部一直存在争议，但是，佩奇仍旧不顾一切去推行，因为在他看来，这样才能使Google跟上社交媒体时代的步伐。

这种整合确实为Google的发展带来了好处，这一跟随脸书作出的调整，为其与Facebook在社交网络平台方面的竞争起到了很大的作用。这也再次证明企业对纵横业务进行深度整合对于发展的重要性。企业要全面发展业务，就要从纵横两个方面入手来发展企业的产品与服务。

所谓的"纵"，就是通过不断推出新的产品与服务，来促进企业产业链的完整。所谓的"横"，指的是推出与产品相关的产品与服务，以此来完善产业链。然而，单纯地依靠纵横业务的发展并不能完美地推动企业的发展，最关键的还是要进行深度整合，以形成完善的产业链。

产业链形成的原因在于产业价值的实现，打造产业链是产业价值实现和增值的根本途径。产业链中存在着大量上下游关系和相互价值的交换，上游环节向下游环节输送产品或服务，下游环节向上游环节反馈信息。这种完善的产业链对企业的发展无疑具有非常大的推动作用。

对于互联网企业来说，更是要打造产业链。具体来说，就是在纵横方面发展更全面的产品与服务，并把这些产品与服务通过深度整合的方式在平台上进行一一呈现，以此来吸引用户，在满足所有用户需求的基础上促进自身的发展。这也是腾讯在发展过程中制定的重要战略之一。

第三章 提升产品，专注用户，才是生存之本

产品就是企业的生命线

⊠ 没有微信，腾讯早已顶不住

不进则退，在移动互联网时代，你必须不断进取，不断努力，才能取得竞争的胜利。马化腾深知这一点，所以他在 2013 年中国企业家俱乐部理事互访 TCL 站的"道农沙龙"上说起如果没有微信，腾讯根本挡不住。

一位外国商人在中国生活半年后，不仅出门很少带现金和信用卡，而且还迷上了用微信抢红包、用微信支付。"手机扫一下二维码直接付款，超级方便！微信支付真是令人惊叹。"

微信令无数人惊叹，它颠覆性的创新体现在它打破了传统的做移动互联网的方式，以手机为主进行打造，而不是在传统互联网上做好，再简单移植到手机上。这种颠覆性的东西给用户带来了独特的使用体验。在打造微信的时候，开发团队充分考虑到了手机的特点以及手机与 PC 的区别。正如马化腾自己所说："即使我们有手机 QQ，但它有一半用户在 PC 上，一半用户在手机上，只有微信是完全基于手机来开发的。"

马化腾深知在移动互联网时代，即使再成功的产品也有被颠覆的可能，所以他在微信取得大成功后说："微信这个产品出来，如果说不在腾讯，不是自己打自己的话，而是在另外一个公司，我们可能现在根本就挡不住。"为了打造这么一款产品，腾讯是怎么做的呢？完全颠覆了以前做 PC 产品的方式，按照移动 APP 的方式来打造，微信团队整天都在想这个怎么改，那个怎么改，最终才做出了微信这一具有颠覆性的产品。

在互联网时代，整个产品线，甚至整个市场都可能在一夜之间建立或毁灭。颠覆者随时可能异军突起，眨眼间就无处不在，这种颠覆者可以称为"大爆炸式颠覆者"。大爆炸式颠覆和传统颠覆之间不仅存在程度上的差异，更有本质的区别。除了更低廉的价格，大爆炸式颠覆者的真正优势是具备更强的创造性。这更强的创造性来自于对产品进行颠覆性创新。

"颠覆性创新"理论最早是由管理学大师克里斯坦森在其所著的《创新者的困境》一书中提出的。该理论认为，在市场中进行颠覆性创新可为企业创造新的增长机会。这类创新要么创造新的市场需求，要么通过带来全新的、客户所渴求的价值主张而重塑市场。在风云变幻的互联网时代，这种颠覆性创新发挥着非常重要的作用。马化腾认为，在互联网时代，创新不能是改良，必须是颠覆。正如他所说："有了互联网，每个行业都可以把它变成工具，都可以升级服务。这种变化，有人称之为改良，我觉得改良肯定不行了，一定要有颠覆。"

不仅马化腾认识到了颠覆性创新的重要作用，周鸿祎也看到了颠覆性创新的巨大作用。

在互联网时代，周鸿祎认识到如果还是凭着经验主义来做事，给企业带来的将会是毁灭性打击。周鸿祎不但认识到了问题的严重性，还通过具体行动带领公司迅速做出调整，他崇尚先把自己清零再做产品。特别是进入移动互联网时代后，周鸿祎更加明白移动产品的打造不再是换换界面、简单改进等，要想打造成功的移动产品，就要彻底忘记原来的产品打造理念，重新打造产品。

在这种产品理念的指导下，周鸿祎要求开发人员忘记PC互联网思路，先把自己清零再打造移动产品。这种打造产品的方式给360的发展带来了极大好处，360也在这种产品理念的指引下打造了中国最大的安卓应用商店。

周鸿祎的移动产品打造观点给很多开发者以启发，在打造移动产品的时候不能用过去的经验套实践，依照PC互联网打造产品的方式来打造移动APP。这与马化腾在移动互联网时代产品打造的方式如出一辙，他们都提倡颠覆性创新。移动互联网时代的到来，让很多企业经营者热血沸腾，他们争先恐后地踏进移动互联网行业，企图在移动互联网行业里分一杯羹。然而，很多开发者和运营商都是做得快，失败得也快。导致失败的原因就是没有进行颠覆性创新，而是单单依靠 PC 互联网思维来打造移动互联网产品。

就此我们不难发现，移动互联网时代，颠覆性创新对于企业发展的重要意义。在这个时代，智能终端开始大面积普及，平板电脑颠覆了 PC，智能手机颠覆了手机。短短几年之内，就经历了产品的更新换代。如果此时的思路还停留在传统互联网产品上，那么迟早会被时代颠覆。

在移动互联网时代，颠覆性创新可以通过推出新产品或新服务来开创一个全新的市场。企业经营者要做到马化腾所说的颠覆性创新，就要做一个不按常理出牌的人，要善于打破规则。无论是企业还是个人，只有不断进行颠覆性创新才能具有旺盛的生命力。这世界上唯一不变的就是变化，而变化就是对原有秩序的破坏，破旧才能立新。企业经营者要想获得别人意想不到的成功，就应该敢于突破规则的限制。

功能强大的产品才能在竞争中取胜

谁有质量过硬的产品，谁就能在激烈的竞争中取胜。企业要想在竞争中取胜，就要拿出质量过硬的产品，要靠实实在在的产品说话。马化腾非常注重产品的打造，甚至把自己当成腾讯最大的产品经理。

所以他在打造产品的时候全身心投入，力求在产品功能上做到完美，这也是腾讯产品能够在竞争中取胜的重要原因。当年，QQ 群最终打败聊天室，正体现了马化腾的这一理念。

聊天室是网络聊天室的通称，是一种人们可以在线交谈的网络论坛，在同一聊天室的人们可以通过广播消息进行实时交谈。在 QQ 发展势头正猛的时候，聊天室也得到了迅速发展。当时，做得好的聊天室有网易、新浪、碧海银沙等，特别是网易聊天室，曾经出现过一个房间里就有几万人同时在线的景象。由此可见当时聊天室是多么火。

也正是在聊天室很火的时候，美国 AOL 网络集团旗下的 AIM 也推出了聊天室的功能。当时这个聊天室的规模巨大，拥有 2000 万的用户。然而，这个聊天室存在着很大的缺陷，由于 AIM 软件和 AOL 聊天室的功能是分开的，这样导致的后果就是 AOL 聊天室只允许陌生人聊天，同时，在当时用户要用这两个软件的话都需要付费。用户使用 AOL 聊天室每月需要支付 19.95 美元。

聊天室的火爆，让很多企业经营者看到了潜在的商机，马化腾当然也看到了其中的商机。于是，腾讯于 2002 年 8 月发布新版本 QQ，在这个版本中新增了 QQ 群的功能。QQ 群允许群主在创建群后，邀请朋友或者有共同兴趣爱好的人到一个群里面聊天。并且，在 QQ 群内除了聊天，腾讯还提供了群空间服务。在群空间中，用户可以使用群 BBS、相册、共享文件、群视频等方式进行交流。

正是由于功能强大，并且能给用户提供绝佳的使用体验，满足了用户的潜在社交需求，QQ 群的人气一直很旺，并且最终打败了聊天室。曾经风行于网络的聊天室几近消失，而 QQ 群迅速崛起，每个明星都拥有自己的粉丝 QQ 群，每个行业有拥有各自的行业交流 QQ 群，等等。QQ 群已成为我们生活中不可缺少的东西。而伴随 QQ 群的群共享、群空间，也都成为了我们交流分享必不可少的方式。

从 QQ 群打败聊天室这个案例中我们不难发现，企业要想在竞争中取胜，就要有功能强大的产品。为了打造具有较强竞争力的产品，马化腾把自己当成腾讯最大的产品经理，并且要求腾讯的每一个产品经理每个月必须做 10 个用户调查，关注 100 个用户博客，收集反馈 1000 个用户体验。目的就是要打造出功能强大，符合用户使用习惯的产品，以形成强大的市场竞争力。QQ 音乐、QQ 影音、QQ 游戏、手机 QQ、微信等一经推出，就迅速抢占市场，形成了巨大的竞争力。

竞争要靠产品说话，唯有功能强大的产品才能在竞争中取胜，这一点在 Google 与 Facebook 的竞争中得到了充分体现。

在科技业的竞争史上，Google 与 Facebook 之间的竞争是空前激烈的。两家公司在竞争上都表现出了强势的姿态，任何一家都不轻易服输。实际上，Google 与 Facebook 之间的竞争是两家企业创始人拉里·佩奇与马克·扎克伯格之间的竞争。

随着时代的发展，科技也得到了飞速的发展，佩奇发现 Google 对科技世界的掌控力在减弱，于是就调集大量的财力、人力资源投入"Google+"项目，佩奇如此做就是为了能够撼动 Facebook 在社交网络领域的地位。"Google+"克隆了 Facebook 的多数特性，这使得这一社交平台在主页、网页、图片、游戏按键、朋友信息更新功能上都与 Facebook 十分相似，并且，"Google+"还避开了 Facebook 做得不成熟的地方。这一产品的推出，的确增强了 Google 的竞争力，仅仅推出 4 个月就拥有了 4000 万注册用户。面对如此迅猛的发展趋势，扎克伯格意识到了威胁的存在。为了迎接这场竞争，扎克伯格严阵以待，带领 Facebook 员工进入封闭式开发阶段，最终推出了广告平台网络，充分利用用户的社交网络活动习惯，帮助广告客户准确找到网上的消费者目标。这一做法，增强了 Facebook 的竞争力，也缓解了"Google+"产品给其带来的威胁。

在这场竞争中，Google 依靠"Google+"给强大的 Facebook 带来了威胁，而 Facebook 也依靠产品功能的开发轻松地应对了这次威胁。

Google 与 Facebook 之争告诉我们，企业之间的竞争是产品上的竞争，高质量的产品是企业在竞争中取胜的关键。这也是马化腾的企业竞争哲学，他之所以注重产品质量，就是因为看到了产品质量之于竞争的重要性。

就此，我们不难发现产品对于企业竞争的重要性。顾客的满意与忠诚是决定企业竞争成功的主要因素，有的企业在市场份额扩张的同时利润反而萎缩，而有着高忠诚度的企业往往获得了大量利润。

这就说明，只要用户对产品质量满意，就愿意多花钱，较高的质量直接带来了顾客的忠诚度，同时也支撑起了较高的价格和较低的成本，并能减少顾客的流失和吸引到更多的新顾客。企业之所以能够在竞争中生存，唯一的原因就是顾客乐意购买你的产品。这就是所谓的："你让顾客满意，顾客才会让你满意；你满足了顾客的需求，顾客自然也就满足了你的需求。"所以，企业要想在激烈的竞争中基业长青，就必须建立运转有效的、从产品设计到售后服务全过程的质量保证体系，以完美之心要求自己，打造完美产品。

在产品打造上下功夫

马化腾是写程序出身，他称自己就是个产品工程师。在创业早期，马化腾的名片上只是简单地印上"工程师"的称号。相对于大多数的企业管理者来说，马化腾在管理人和团队上并不擅长，他比较擅长的是管产品和用户体验。

创业至今，为了腾讯的发展，马化腾一直在培养自己对技术的热情。按照他自己的话说就是："我感兴趣的互联网产品，腾讯都做了，哪天如果让我遇到更新的，就想着自己的公司也赶快做一个。"相对于管理来说，马化腾更愿意谈论自己每天使用的互联网产品，他爱给自己的产品挑错，一看到成品就知道写代码的人有没有偷懒。这对很多员工来说是很疯狂的，不止一名腾讯员工有在半夜三更被马化腾的电话叫起来去解决问题的经历。一名腾讯前员工就对这样的事情深有感触。

这位腾讯前员工当时负责的是腾讯"Hummer"计划中的交互设计，这个工作在整个计划中是最重要的一项。现在我们可以看到的交互设计模式是，当一方向另一方发出好友申请的信息后，在得到对方同意时，就会收到一个反馈的弹出框，弹出框上会出现"完成"与"立刻发起对话"的按钮。当时这位员工设计的就是这么一款反馈弹出框，但是他在反馈弹出框上设置的按钮一个是"确定"，一个是"取消"。

好不容易完成了这项工作，这位员工把它提交给领导并且抄送给了马化腾。虽然完成了工作，但是这位员工的内心仍旧非常不安，因为他知道马化腾对产品的要求非常严格，连细节都会死抠。惴惴不安的这位员工，最终还是收到了马化腾的邮件，而这封邮件竟然是在凌晨3点钟发出的。当这位员工发现这封邮件时，内心十分激动，同时也十分不安。在邮件中，马化腾问："如果我选择点击'确定'按钮，我可以理解为对方同意，那请问'取消'按钮是什么意思呢？"

这句发问让这位员工十分恐慌，但同时也意识到自己的不足，没有做好细节方面的工作。但是，这位员工心里也犯嘀咕，他搞不懂为什么这么大一个boss还会看那么细。但是，这位员工之后很快就理解了，马化腾就是这么一位死抠细节的老板，他为了研究明白产品的按钮应该放在哪边，每天能抽掉两包烟，宅在办公室里一天都不出来。

这就是马化腾，虽然已是腾讯的掌门人，但是却仍旧会淡定地坐在电脑旁边安静地研究产品。马化腾对产品的痴迷是他始终把自己当成产品经理的最好体现。在完善QQ邮箱功能的时候，腾讯找出了400多个问题进行优化，其中300多个问题是马化腾发现和提出的。行业内公认马化腾是最好的产品经理，不是没有道理的。互联网公司的管理者与其他行业是不一样的，必须亲自在最前线，体验用户的心理和真正需求，一切围绕产品，将产品的服务做到极致。所有的管理和工作都要围绕产品和用户体验展开，不能为了管理人或KPI而管理。

产品经理虽然不是老板，却是企业守门员、品牌塑造者、更是营销骨干。一个好的产品经理不但能引导产品的发展，而且能引导公司的发展。正是基于这个方面的认识，很多企业经营者们常常会把自己定位为产品经理，他们对产品的打造有种近乎疯狂的苛求，目的就是打造具有强竞争力的市场产品。

如果马化腾没有对产品细节的苛求，腾讯或许不能成为今天的帝国。这也提醒了很多刚进入互联网行业的公司管理者们，互联网是时刻在变化的，在管理中与其他传统行业有着巨大的区别，不能当甩手掌柜，也不能只关注公司内部的员工，要在产品打造上下功夫，否则，最终的结果就是被市场抛弃、淘汰。

⊠ 求量，不如求质

山不在高，有仙则名。水不在深，有龙则灵。产品也一样，不一定功能多就好。一般来说，企业能否持续地发展，一个非常关键的因素是企业能否关注产品的核心能力，并将这种核心能力做到极致。

很多互联网企业在打造产品的时候往往会陷入盲目增加产品功能的误区。之所以会陷入这个误区，就是因为企业经营者认为产品功能越多，就越能受到用户喜欢，越能吸引用户。其实，这样的想法是片面的，结果往往也会适得其反。在马化腾看来，做产品首先是要把产品的核心能力做到极致，这样才能让产品具有竞争力。

核心能力就是指核心功能，唯有把产品的核心功能做好，做到极致，才能收到意想不到的效果。马化腾特别重视对产品核心能力的打造。产品存在的意义是要能帮助用户，要能为用户解决节省时间、解决问题、提升效率等方面的需求，唯有将这方面的核心能力做到极致，产品才能受到用户的喜欢，也才能更具竞争力。马化腾有这样的产品打造理念，在打造产品的时候也遵循这一原则。

腾讯在做网络播放器QQ影音的时候，面对着增加网络播放、交流、分享等很多功能选项，但是最后都被砍掉了。腾讯还是在播放能力、占用内存等方面下功夫，最终使QQ影音的核心性能和速度都在行业产品内领先，推出之后也受到了用户的喜欢。

腾讯在打造QQ影音的时候，特别注重核心技术的应用。随着互联网的发展，分辨率为720P、1080P等的高清影片逐渐开始在市场上流行，相关的硬件加速技术也日新月异。QQ影音在打造与完善的过程中也把这种播放技术纳入，同时通过腾讯研究院媒体处理技术的积累，成功地应用了轻量级多播放内核和高清加速智能启动等关键技术。凭借强大的技术支撑，QQ影音一经推出就极具竞争力。

为了将QQ影音这款产品做到极致，QQ影音率先应用了显卡类型检测判断、高清媒体格式分类和判断、硬件加速、智能渲染器建立等关键技术，使QQ影音具备了高清加速智能启动功能。这也使得QQ影音成为国内第一个可以自动检测高清文件格式、用户显卡能力并智能开启高清加速的播放器。同时，为了提高核心播放性能，QQ影音还大量使用了SSE4指令、编译器优化、多线程开发等技术。最终打造出来的QQ影音具备播放启动速度更快、效率更高、CPU和内存占用更低、操作简单的优点，给用户提供了更好的使用体验。

这就是马化腾的产品打造理念，不盲目增加产品功能，而是把产品的核心能力做到极致。对于这种产品打造理念，马化腾说："要打造一个具有良好口碑的产品，每加一个功能都要考虑清楚，这个功能给10%的用户带来好感的时候，是否会给90%的用户带来困惑。有冲突的时候要聪明地分情况避免。每个产品的功能不一定是越多越好，而是用了的人都觉得好才是真正的好。"马化腾的这种理念，不仅仅体现在打造QQ影音的过程中，同时也体现在开发QQ邮箱等上面。

马化腾的产品打造理念无疑为产品打造者提供了一种产品打造方式，那就是不要一味地强调产品功能的多少，而是要把产品的核心能力做到极致。

引进，往往会水土不服

面对互联网日益激烈的竞争，越来越多的企业利用引进、购买强势产品的方式来使自己在竞争的过程中占据优势。这种方式可以让企业在竞争的过程中立刻产生战斗力，但其存在的缺陷是容易出现水土不服。所以，马化腾认为企业要做的是要进行"微创新"，要在产品原有的基础上不断对产品进行打磨、重造，才能让产品更加具有竞争力。

马化腾的这一产品打造理念，使腾讯在竞争的过程中轻而易举占据优势，腾讯在过去的这些年间，靠着这种竞争理念打败了很多竞争对手。其中最典型的事例就是打败了盛大。

2001年，盛大从韩国引进了网络游戏——《传奇》。这次引入是非常成功的，《传奇》在当时火爆异常，而盛大也借此创建了网游的商业模式。在当时，网易也在网游上发力，通过自主研发《大话西游2》《梦幻西游》，奠定了自主研发网游领域老大的位置。盛大与网易在网游市场上的动作，使当时的网游市场变得异常火热，马化腾也在此时看中了网游这块大市场，于2003年进军游戏市场，但在之后的三四年里，腾讯在网游方面一直没有多少起色。

不仅腾讯没有作为，连盛大在这段时间也是不温不火。虽然盛大在之后几年引入了大量韩国作品，但几乎是全军覆没。究其原因，是因为盛大仅仅是简单的引进，并没有进行创新改造，这种缺乏创新的产品必将会被市场淘汰。马化腾看到了这种做法的弊端，于是决定在引进的产品上进行微创新。

2007年是腾讯在网游市场上大有作为的一年。这一年，腾讯从国外买回了《穿越火线》《英雄联盟》《地下城与勇士》等一大批的网游。腾讯这次并没有急于上线买来的游戏，而是对这些产品进行了微创新，进行深度再加工，以求产品推向市场后就能取得成功。在这种产品打造模式下，腾讯在一年后才把《穿越火线》推向市场，在之后的两年内，依然不断对《穿越火线》进行更新打造，推出了22个版本。每推出一个新版本，都会在模式、角色、枪械上不断优化，以求为用户带来全新的游戏体验。正是依靠这种不断的微创新，《穿越火线》最终赢得了广大玩家的肯定。

此后，腾讯在网游打造上一直运用这种模式，也正是通过这种微创新的复制，腾讯在2010年打败了盛大，在网游市场赢得第一的地位。

就此我们不难发现，腾讯之所以能够打败盛大，就是因为对网游产品进行了微创新的复制，而不是单纯的引进。除了马化腾，周鸿祎也深知这一点对企业竞争产生的重要作用。不管是安全产品，还是浏览器，周鸿祎都在利用微创新的方式进行产品打造。在浏览器的竞争上，360浏览器之所以能够击败IE浏览器，很大一部分原因也是因为360在浏览器打造上进行了微创新。

周鸿祎创建360浏览器是旨在让用户在浏览网页时可以少一些障碍，提升使用体验。为了达到这样的目的，360在微博提醒、网银插件等方面进行了改进与完善。微博提醒能够让用户及时知道有可能错过的东西，网银控件则是为了方便用户，用户只需一键下去，就能完成安装。360浏览器的微创新不仅体现在这些方面，还体现在逐步为用户解决在使用过程中经常遇到的问题上。比如为了解决用户用360浏览器没有办法支付的问题，360特意做了一个能够帮助用户解决自动修复JS引擎被反注册的修复工具，成功地解决了这一问题。再比如，360每天都会搜集各种问题，并把它们汇总生成动态数据库，推出了"浏览器医生"，使用"浏览器医生"，用户只需输入遇到的问题就能一键完成修复。

正是依靠不断地创新，不断地对产品进行改进，360浏览器在用户体验方面得到越来越大的提高。也正是因为这个原因，360浏览器得到了越来越多用户的认可。

360浏览器的成功再次证明了马化腾的观点：微创新是在竞争中取胜的关键。马化腾的这一产品打造理念渗透在腾讯过去这些年产品打造的过程中。腾讯一直在以微创新的方式进行产品开发，并由此引发了来自整个互联网业界的"抄袭"指责。不过，腾讯不是单纯地引进和模仿，之后的微创新才是腾讯成功之道。腾讯会根据用户需求，从小处着眼，贴近用户需求来进行微创新。也正是这种理念，成就了腾讯帝国。

事实证明，对于竞争异常激烈的互联网行业来说，要想在竞争中取胜，就要拿出出色的产品，而要想打造出色的产品，就要不断改善产品的功能，不断地进行创新与完善。对于引进的产品更应该如此，单纯的引进可能会水土不服，此时就需要在原有产品的基础上不断进行微创新，不断变更或增加原产品的功能，使产品更加完善，更加完美。

一切以用户价值为依归

▣ 站在用户的角度思考问题

做企业，是把精力放在管理上，还是放在产品上？不同的人有不同的看法，在马化腾看来，企业经营者要做好产品管理，并且要把自己、产品经理，甚至每一个员工都当成最挑剔的用户。

马化腾对产品设计有非常高的要求，他希望腾讯的产品经理把自己当作最挑剔的、最笨的用户。马化腾的这种想法基于其想要提升用户体验，只有让用户用着舒服，才能得到用户的喜欢。而要真正做到这一点，产品经理在从事产品设计工作的时候就要站在用户的角度去思考问题。

把自己当作最挑剔的、最笨的用户，是解决这一问题最见成效的办法。在设计产品的时候，产品经理要善于从每个细节上入手去寻找可以提升用户使用体验的地方。在马化腾看来，产品设计要细致入微，甚至连产品按钮放在哪儿都要考虑，争取为用户打造使用体验良好的产品。用户有的时候也不知道哪种方式是好的，但是他们肯定喜欢符合自己习惯的产品。产品经理要在用户习惯上下功夫，而要做到这一点，就要把自己当成一个"小白"用户。

身为腾讯"首席体验官"，马化腾对产品经理的要求就是产品经理把自己当成一个挑剔的用户。产品经理以用户的身份来体验公司的产品，在腾讯已经成为不成文的规定。在打造腾讯输入法的过程中，他们就践行了这一产品打造理念。腾讯的输入法一经推出，在很短的时间内就获得了

6000万用户。

2006年9月，腾讯决定启动输入法项目。在启动这个项目之前，腾讯先让两三个技术人员对市场大小、用户需求等方面进行了详细研究，同时还对技术进行了一些储备。2007年，立项阶段结束，腾讯开始进行正式的产品研发。产品研发的第一个阶段是原型期，这个阶段注重的是用户体验。用户体验测试在腾讯研究院内部进行，站在用户的角度对产品进行使用，仅仅半年的时间，就获得了超过百条的建议，了解产品漏洞，并在这个阶段基本上解决了所有的漏洞。经过原型期，腾讯输入法进入产品化的开发阶段。在这个阶段，腾讯输入法被推广到整个公司平台上，全公司的人此时都是最挑剔的用户，他们亲身参与体验这款产品，最终收到了1000多条意见。腾讯输入法团队根据这1000多条意见对输入法进行了再一次改进。最终，打造出了一款颇受用户喜欢的输入方式。

腾讯在打造每一款产品时都注重精益求精，而马化腾和腾讯的产品经理，甚至腾讯的每一位员工都把自己当成最挑剔的用户，他们会亲身使用产品，把自己当成"小白"用户去思考怎样才能让产品更贴近用户的需求。

为什么腾讯要这样做？因为马化腾知道，作为拥有近4亿名活跃用户的腾讯，产品哪怕出现一点点的瑕疵，都会引发用户的不满。用户的不满对互联网企业来说，影响是非常大的，甚至是具有颠覆性的。因为在一定意义上来说，互联网经济就是用户经济。所以，马化腾要求产品经理要及时准确地发现产品的不足，而最简单的方法就是天天使用该产品。产品经理只有做最挑剔的用户，才能找出产品的瑕疵。然而，很多产品经理在试用产品的时候总是说找不出问题，但在马化腾看来，并不是找不出问题，而是没有做到足够挑剔，没有坚持使用3个月，这样的话当然就很难发现产品的不足之处。

企业经营者与产品经理要时刻把自己当成最挑剔的用户，主动使用产品，主动与用户接触，及时发现问题，并及时解决问题，唯有这样才能打造出具有竞争力的产品。

▣ 闭门造车,摸不到用户的脉

互联网行业与传统行业不同,在这个行业里,用户需求决定着产品的成败。用户所需要的产品,才能有市场。在谈到"用户需求"这一概念时,很多企业经营者认为这不过是老生常谈。然而,就是这老生常谈的问题得到了马化腾的关注,他在不同场合都会反复强调这一点。在他看来,用户需求正因为是最简单的东西,所以做起来恰恰是最难的。

马化腾认为在产品研发过程中研发者最容易犯的错误是常常闭门造车,挖空心思去创造产品,使用优美的设计、高超的技术,像对孩子一样珍惜、呵护打造出来的产品。然而,这样的产品如果是用户不需要的,那么这样的产品就是毫无意义的。唯有真正符合用户需求的产品才能得到用户的喜欢,才能得到市场的认可。

马化腾的这种理念,是在经营腾讯的过程中不断获得的。腾讯在打造产品的过程中也走过弯路,QQ 邮箱就是一个例子。

现在的 QQ 邮箱广受好评,但是在以前,用户根本不喜欢腾讯打造的这款电子邮箱。当时的 QQ 邮箱非常难用,难以满足广大用户的需求。在不得已的情况下,腾讯选择重新打造这款产品。在回炉再造之前,腾讯对用户的使用习惯、需求进行了仔细深入的研究,并且在研究过程中,形成了独特的产品研究"10/100/1000 法则"。这个法则要求产品经理每个月必须做 10 个用户调查,关注 100 个用户博客,收集 1000 个用户的体验反馈。在不断的研究与改进下,腾讯最终打造出了一款符合用户需求的产品,就是我们今天看到的 QQ 邮箱。

企业生产产品,要依靠技术创新,但是技术创新必须立足于市场需求,不被市场接受的技术是没有商业价值的。

企业的成功不在于技术的高低,不在于是否精美,而在于产品能否满足用户的需求。技术离开了用户,就是离开了市场。不考虑市场需求而做出来的产品就是没有用的东西。这就是马化腾强调的用户需求是产品核心的原因所在。

马化腾认为，要想让产品得到用户的喜欢，就要充分研究用户需求，不要走捷径，也不要凭猜测来想当然地以为了解用户的使用习惯或者需求，而是要经过切身实地的调查研究。想当然地认为在低端用户的产品上滥用卡通头像和一些花哨的页面装饰可以满足用户需求的做法是错误的。同样，把高端用户的产品定义为自命清高也是错误的。这些做法都没有做到尊重用户，没有做到以用户为核心。

同时，马化腾还认为，现在的互联网产品更像一种服务，已经不是早年的单机软件，所以设计者和开发者在打造产品的时候要时刻站在用户的角度去思考问题。一定要一边做自己产品的忠实用户，一边去感受用户的真正需求。企业之所以能够生存，唯一的原因就是顾客乐意购买你的产品。这正应了那句话："你让顾客满意，顾客才会让你满意；你满足了顾客的需求，顾客自然也就满足了你的需求。"从这个意义上来说，产品就是需要满足用户的需求。

互联网时代，企业每开发一种产品都要以用户需求为核心。企业要从产品定位、评估、设计、销售四个方面入手，通过反馈信息以及对大量数据的不断调整，使产品一经面世就能满足用户的需求。这种研发时刻紧贴消费者的理念使腾讯一直是互联网企业的领头羊，也是现代互联网企业必须要学习的。互联网企业经营者要做到这一点，就要把握以下六个原则：

1.一定不要浪费用户的时间。例如，巨慢无比的启动程序，让用户一次次地在超过50个内容的下拉框里选择。请珍惜用户的时间，减少用户鼠标移动的距离和点击次数，减少用户转动眼球满屏寻找的次数。

2.一定不要想当然，不要打扰和强迫用户，不要为1%的需求骚扰99%的用户。

3.一定不要提出"这些用户怎么会这样？"的怀疑，一定不要高估用户的智商。

4.一定不要以为给用户提供越多的东西就越好，相反，重点多了就等于没有重点，有时候需要做减法。

5.一定要明白你的产品面对的是什么样的用户群。

6.一定要尝试去接触你的用户，了解他们的特征和行为习惯。

为了用户，必须创新

多年的摸爬滚打让马化腾明白了这样一个深刻道理：用户至上，用户的需求就是市场。正如马化腾所说："QQ的广大用户是腾讯价值的基础，脱离了用户价值，腾讯的所有一切都将不复存在。只有不断增加用户社区价值，注重平台健康发展，增加活跃、忠诚的用户，我们才可以有长远的发展。腾讯始终坚持'一切以用户价值为依归，发展安全健康活跃平台'的战略，将不断强调创新理念，在营运和服务上丰富和提高用户体验。"马化腾关注用户，注重在提升用户体验上的创新，这也体现在腾讯打造产品的方方面面。

为了收回商务办公这一失地，腾讯推出了一款面向个人的即时通信软件TM。TM侧重熟人间的沟通和联系，主要面向商务办公环境中有即时通信软件使用需求的用户。

在功能上，TM弱化了娱乐、休闲的内容。在使用上，TM需要用户首先将手机通讯录与腾讯IM系统建立一一对应关系后，方可登录并免费使用。这也意味着，用户的好友身份相对真实，方便用户进行熟人间的沟通。并且，用户还可以通过TM免费发送短信。

从使用环境出发，TM在屏蔽其他用户的打扰以及获得更多行业信息方面进行了探索，推出了智能秘书免打扰和公开名片、行业黄页、行业查找等功能。

TM既然脱胎于QQ，自然保留了很多QQ的功能，同时穿上了商用的外衣，整体上是一个中西合璧的软件。虽然TM没有使用QQ一些好玩的功能，但是有些项目需要积累一定时间或者花钱才能使用。在商用即时通信软件领域，这样的增值服务还不多。

通过扩展功能，还可以看出 TM 设定的人性化。在 TM 界面的底端，有一个 TM 小秘书，不同的时间会进行有意思的提示。它还能把商务秘书、留言、备忘等项目联系起来，构成一个完整的体系。像通讯录、网络硬盘、网络黄页、天气预报等都很实用。通过网络硬盘，可以跟联系人进行高速的点对点连接，便于大文件相互传递。这个网络硬盘的容量并不大，如果要增加容量，就需要添加额外的费用。这也算是 TM 的增值服务了。

TM 很早就以门户网站的模式进行运作，提供娱乐新闻等资讯。在完善 QQ 功能的过程中，还添加了很多有意思的扩展功能，比如表情、通讯录、网络硬盘等。尤其是表情，可以当作内容提供商很重要的一个创作部分，成为增值服务。

腾讯对 TM 的打造方式就是基于提升用户体验上的创新，这也再次证明，创新的关键是在提升用户体验，而不是盲目地进行创新。现在的互联网时代是体验经济的时代，互联网产品的生命周期相对较短，要想让这种生命周期较短的产品取得长久的竞争力，就要进行创新，并且要把提升用户体验作为创新的根本。

企业之所以能够生存，能够壮大，唯一的原因就是顾客乐意购买你的产品。对于互联网企业来说，就是用户乐意使用你的产品。而要想做到这一点，就要不失时机地进行创新，同时要把创新建立在提升用户体验之上，并且要把用户的极致体验作为追求。

⊠ 重视年轻人的喜好和想法

对于互联网行业来说，年轻人是用户中的主体，如果不了解年轻人的喜好，对于企业发展来说是致命的。

马化腾最担心的是捉摸不透年轻人的喜好。正如他所说："在这个行业里久了后，不接地气了，不知道现在年轻人喜欢什么，这是我觉得最可怕的。每天早上醒来最大的担心是，不了解以后互联网主流用户的使用习惯是什么。"年轻人喜欢什么的问题一直困扰着马化腾，他一直在思考怎么迎合年轻用户的喜好。是更新品牌？变更服务？换个名字？还是自我革命？腾讯打造的很多产品都是建立在了解年轻人喜好的基础上的。QQ秀、QQ空间与《QQ宠物》的推出就是其中的典型。

QQ秀的推出是由于考虑到年轻人正处于人格建立的阶段，他们对自己的形象都存有某种幻想。"理想中的形象"比真实形象更能满足年轻人的心理。在这种情况下，年轻人喜欢虚拟的形象多于真实的照片。为了迎合年轻人的这一需求，腾讯推出了美丽帅气的QQ秀，这种QQ秀形象在与好友聊天的过程中，也成为了用户虚拟形象气质的一部分。QQ秀的推出深受年轻用户的喜欢，特别是对于女性年轻用户来说，可以按照自己的意愿来打扮QQ形象，从而满足女性爱美的天性。同时，对于男性年轻用户来说，可以把QQ秀当作哄女朋友的工具，可以通过QQ秀为女朋友送一些传情的小礼物，博取女朋友的欢心。

正是因为QQ秀满足了年轻用户的需求，所以一经推出就深受年轻用户的喜欢。除了QQ秀外，腾讯还推出了深受年轻用户喜欢的《QQ宠物》。

《QQ宠物》是腾讯公司推出的一款虚拟社区喂养游戏，贯穿宠物成长全过程，包括喂食、清洁、打工、学习、游戏、结婚、产卵（每日有任务），《QQ宠物》推出，也是建立在充分了解年轻用户喜好的基础之上，现在有很多年轻人存在孤独、想爱和被爱的心理，而《QQ宠物》无疑能够让年轻用户摆脱这样的心理，给年轻人以心灵上的安慰。

《QQ宠物》允许用户免费领养宠物，具体的领养方式有两种：一种是通过登录官网，参与领养活动来获得一只宠物蛋；另一种是如果有已经培育过宠物蛋的QQ好友，可以请求其赠送一只宠物蛋。宠物还需要学习，学习从小学、中学读到大学，仅小学课程就有9门，语文、数学、政治、礼仪、武术等一应俱全。宠物还会撒娇搞怪，会参加各种游戏。同时，用户的QQ

宠物也会经常出没在好友的电脑屏幕上，炫耀它学会的各种本领，还能和好友的宠物结婚生子，繁衍后代。

QQ空间也是在充分考虑年轻用户喜好的基础上推出的。腾讯公司于2005年开发出QQ空间，QQ空间具有博客的功能。在QQ空间上可以书写日志，上传用户个人的图片，听音乐，写心情，通过多种方式展现自己。除此之外，用户还可以根据个人的喜好设定空间的背景、小挂件等，使每个空间都有自己的特色。

QQ空间一经推出就深受年轻用户的喜欢。在其他地方写博客，很少有人来看，而在QQ空间上写文章，就会有好友来捧场。同时，QQ空间也成为了好友间交流的空间，能够满足年轻用户想要加强沟通深度的需求。

年轻人是互联网行业的主体，只有照顾到年轻人的喜好，才能抓住市场的主体，企业也才能因此而得到长足的发展，避免陷入危机。

马化腾之所以注重年轻用户的想法，是因为他知道没人能保证一个服务是永久不变的，用户就是喜欢求新。即使你什么都没有做错，但如果你太老了，就一定得换了。要想让自己不被淘汰，就要常常了解年轻人的想法，用年轻人的思维来思考问题。

⊠ 简单就是美，太复杂就会给用户找麻烦

一个产品，功能太复杂，就会给用户带来一定的使用困难。在腾讯看来，产品打造，简单就是美。马化腾曾经说"淡淡的美术，点到为止"，就是在强调产品打造要在简单上下功夫。

"简单就是美"是腾讯的产品设计理念。在腾讯的产品中，很多产品都渗透着这种理念，微信的"摇一摇"功能就是其最好体现。

微信的"摇一摇"界面里没有任何按钮和菜单，也没有任何其他入口。微信"摇一摇"界面中原有一个可以下拉的菜单，可以查看上一次摇到的人，但是微信团队认为这是一个败笔，准备把它取消掉。微信"摇一摇"要

达到的效果就是界面上只有一个图案，而没有其他任何的东西，对于用户来说，只需做"摇一摇"这个简单的动作。

腾讯打造这个功能，就是为用户提供一种极简的体验，简单到不用做任何学习就能运用。马化腾更希望把微信做成一个平台，使用最简单的规则。张小龙也说，要用一个简单的规则构造出一个复杂的世界，产品规则越简单，越能让群体形成自发的互动。

腾讯的"简单就是美"产品打造理念，还体现在QQ邮箱用户界面上。在QQ邮箱用户界面上图案非常简单，各项功能可以轻松看到，QQ邮箱使用起来非常简便。这款产品体现出马化腾"简单就是美"的产品打造理念，也同时证明图案不用太多也能做得很好，简洁对于产品来说同样重要。

为什么马化腾强调要打造简洁的产品呢？因为功能多的产品会有很多的按键，数量多的按键会让用户迷失在界面里，而简单的界面则可以给用户一目了然的感觉，给用户提供出色的使用体验，从而达到吸引用户的目的。

"简单就是美"已经成为很多互联网企业经营者的共识，用户不会对高深莫测的技术感兴趣，唯一让他们感兴趣的是产品看起来是否简洁，用起来是否简便快捷。互联网时代，市场上充斥着数目众多的产品，在如此多的产品中，能够让自己的产品被消费者记住已实属不易，而要想让用户喜欢自己的产品则是难上加难，简单好用则为企业解决了这一难题。

深耕服务，让竞争力强到爆

☒ 企业发展不仅靠产品，更靠服务

互联网时代，越来越多的人看到客户端的重要性。越来越多的互联网企业经营者开始在客户端上发力，比如推出游戏客户端、移动客户端等。马化腾认为，在互联网时代，注重客户端确实能够创造利润，但是长久下去，企业会步入重大危机。因为，当互联网发展到一定阶段，客户端不再重要，产业上游价值将重新崛起。

提起腾讯，很多人都会认为腾讯的成功是由于腾讯有一个QQ客户端软件。由于QQ有庞大的用户群，所以很多人认为腾讯不管推什么产品都可以成功。对于这种说法，马化腾并不完全否认，但在马化腾看来所谓的QQ客户端也不过是一个渠道。长久地依靠客户端，并不能为腾讯带来持续的发展。

马化腾的这一想法源于3Q大战，那次激烈的风波，让马化腾感觉到了危机，并且坚定了要改革、转型的决心。腾讯依靠近10亿的QQ用户资源，创建了日益强大的腾讯帝国，也正是依靠如此庞大的用户资源，腾讯创建了横跨门户、网游、电子商务等所有与互联网相关的产业。因为够强大、够全面，所以在很多互联网企业经营者眼中，腾讯是压在它们头上的一座难以撼动的大山。但是3Q大战让马化腾意识到，依靠QQ客户端就能一直强大的局面已经不可持续，如果一直依靠QQ客户端，那么腾讯迟早会陷入重大危机。

为了避免腾讯陷入这样的危机，马化腾决定广泛听取社会各界的建议、忠告和批评，让腾讯进行一次慎重、彻底、完整的转型。这次转型，马化腾提出的具体做法是通过不断为用户提供新的服务来保持新鲜感，以求维持原有用户的忠诚度，并挖掘新的用户源。就此我们不难看出，腾讯是要在提供全方位的服务上下功夫。比如，打造腾讯社区平台；再比如，上线"游戏人生"。

腾讯的社区开放平台是基于QQ空间、朋友社区（QQ校友）两大社交网络的开放平台。腾讯社区开放平台为第三方开发的社交应用提供开发接入入口，提供软件与硬件的全方位服务，让开发和运营流程更简单、更实用、更安全。通过腾讯社区平台，合作者可以得到强大的技术运营支持，获得广阔的发展机会。对于开发者来说，还可以利用腾讯社区开放接口，开发出优秀的有创意的社交游戏、实用工具，为自己带来巨大的流量和收入。而对于应用开发商来说，则可以更加方便地在这个社区开放平台上开发各类应用，并依靠腾讯的海量用户迅速赢得自己的用户。

腾讯上线腾讯社区，就是为了依靠全方位的服务来获得忠实的用户。这也体现在上线一站式游戏服务社区"游戏人生"上。

2012年3月21日上午，腾讯游戏公布将上线国内最大的一站式游戏服务社区"游戏人生"。腾讯如此做，旨在为亿万腾讯游戏玩家提供全方位的游戏服务。在这个一站式服务社区平台上，玩家不但可以记录不同游戏的体验历程、挑战过的荣誉任务、竞争排名和好友间的互动信息，还可以及时了解游戏测试和活动信息，在线玩游戏，并领取丰富的游戏礼包。为了更好地为玩家服务，"游戏人生"不仅会在社区网站上提供游戏服务，还会通过插件为玩家在线玩游戏时提供更贴心、更方便的一站式游戏服务。

从以上两个方面不难看出，腾讯正在努力为用户打造优质的服务，旨在用出色的服务来培养、维护现有的用户，挖掘潜在的用户。马化腾打造这些全方位的服务，是为了达到他所说的目的："我们做的这些服务反过来让腾讯的社区有别于其他的竞争对手。现在人们用的已经不是一款软件，而是各种各样的服务。如此，别人就很难全方位打你。"

随着互联网的发展，竞争日益加剧，对于互联网企业来说，单纯依靠客户端应用已经很难适应时代的发展。广大用户需要的不仅仅是一款功能强大的产品，他们还需要良好的产品使用体验。这种良好的使用体验来自于优良的全方位服务。对于互联网企业来说，为用户提供高质量的产品固然重要，但为用户提供出色的服务更加重要。

事实上，马化腾的观点不仅适用于互联网企业，对传统企业来说也有很大的借鉴意义。能为企业带来发展的不仅是产品，还有服务。甚至可以说，决定一个企业未来的，是其是否能够为顾客提供优质的服务。企业经营者要善于在服务上下功夫，为顾客打造全方位服务，以服务促发展。

⊠ 占据源头才是关键

互联网时代,互联网经济就是渠道经济。网络电子商务等营销方式的产生和发展,对传统的分销渠道带来巨大的冲击。电子商务的发展催生了网上零售、网上采购、在线拍卖、网上团购等新的分销模式,相对于传统的营销渠道来说,具有极大的优越性。在互联网时代,越来越多的企业开始更加注重渠道的重要作用。

马化腾也看到了渠道对于企业发展的重要作用,他认为互联网可以减少所有渠道的中间损耗,大大减少从产品到用户的距离。但马化腾还知道单把渠道抢过来,对企业发展是无益的,虽然能够获得暂时的利益,但是并没有根本性地改变整个格局。用他自己的话说就是:"截杀渠道仅仅是一个'刺客',占据源头者才是'革命者'。"马化腾深知渠道对于企业发展的利与弊,所以腾讯开始全力打造产业链的价值源头,打造优秀的产品和服务。"Q+"平台与"Q-service"的推出就是最好的说明。

2011 年 5 月 16 日,腾讯正式推出 QQ 开放平台"Q+"。随着"Q+"的推出,除了 QQ 提供给广大用户的服务外,第三方开发商也可以以合作者的身份,与腾讯一起为 QQ 用户提供更细致、更有针对性的服务。

"Q+"的到来,预示着用户不再受到终端、操作系统、场景限制,取而代之的是更丰富的应用、更具个性化的在线生活。第三方应用开发商可以通过"Q+"平台直接服务于 QQ 用户。在"Q+"上,腾讯未来还会尝试以 API 接口的形式向第三方应用商提供如内容分享、文件传输、语音视频等核心功能组件,第三方应用商则可通过这个平台把用户使用最多、最喜爱的核心功能植入创新应用中。这对第三方企业来说可以创造更大价值,对用户来说,则可以更加方便地接受第三方的服务。基于此,腾讯是为了创建一个更加开放的互联网社区,让 QQ 成为用户和第三方应用商相互融通和分享在线生活的家园。

"Q-Service" 相对于产品来说，更像是一种服务形态。"Q-Service" 整合了手机 QQ、QQ 空间在内的所有腾讯产品，算是一种新的整合服务产品形态。它服务的不仅仅是用户，还有厂商。对于用户来说，它是一款服务产品。用户可以通过多种形态的界面，如客户端、WAP、网页等使用腾讯软件。同时，用户可以根据自己对流量、速度、体验的不同诉求，进行软件的自由选择。"Q-Service" 的价值就在于 "多形态、低门槛、贴切满足用户移动互联网使用场景"。

对于厂商来说，它是一种整体解决方案，能为差异化的终端设备及平台，提供无差异的产品更新、升级服务。降低开发成本的同时，也降低了维护成本。同时，对于厂商来说，还可以 "特权优先"，也就是说厂商可以享受音乐、视频等内容打包特权、VIP 特权，部分支付和电商类的特权等，这无疑会增加产品面世时的竞争力。

不管是推出 "Q+"，还是推出 "Q-Service"，我们都不难发现马化腾在带领腾讯转型上所做的努力，他不再单单依靠产品来促进企业发展，而是在服务上开始发力。马化腾之所以会在产品理念上有这么大的转变，就是因为他看到了互联网的未来，只注重客户端很难让企业有大发展，甚至会让企业陷入危机，唯有在做好服务上发力，才能带动企业的发展。

腾讯一直在为用户打造良好服务上发力，不断推出平台型产品服务和应用，其中就包括电商平台 "拍拍"、支付平台 "财付通"、"腾讯微博" 平台、搜索平台 "搜搜"，这些具有服务性质的产品为腾讯的发展起了很大的推动作用。腾讯依靠不断推出服务性产品，旨在打造一个开放和分享的上游平台。

从腾讯的做法以及马化腾的产品打造理念看来，我们不难发现，做企业，特别是互联网企业，不应该只注重产品的打造，还应该做好服务。服务是使企业与众不同的基础，也是获取竞争优势的基本条件。如果说，互联网行业过去是在比产品，那么，现在与未来比的就是服务，谁能在服务上做得好，谁就能在竞争中取胜。出于这种考虑，对于互联网企业来说，打造开放的服务平台,打造具有服务性质的产品,才会促进企业的长久发展。

⊠ 为用户创造独特的使用体验

如果说互联网以前是"产品经济"时代,那么现在就进入了"体验经济"时代。马化腾认为广告模式是产品经济的产物,为了提升产品的知名度和美誉度,销售产品时不得不借用广告的形式;而体验经济衍生的是知识产权模式,独特的体验将成为所有产业的一个价值源头。

这个时代要在提升用户体验的基础上来打造产品,如此,产品才能真正得到用户的喜欢。要想在激烈的市场竞争中站稳脚跟,就要为用户创造独特的使用体验。马化腾的这一产品打造理念,在"腾讯视频"这一产品上得到了最好体现。

腾讯视频一直在为用户打造独特的使用体验上不断努力,力求为用户打造独特、完美的使用体验。2011年之前的腾讯视频一直保持着低调的运营,依托热门影视剧、大型赛事转播、晚会典礼直播等内容的支撑,已经沉淀了大量的忠实用户,但是与新浪、搜狐等还存在着一定的差距。马化腾深知,要想让腾讯视频有所突破,就要在为用户打造独特的使用体验上下功夫。于是,在2011年,腾讯推出了在优化和提升用户体验方面有着突出创新的新版腾讯视频。为了为用户提供独特的使用体验,这一版的腾讯视频一口气做了四项功能升级与革新:一是多线程技术和硬件解码,给用户以极速高端体验;二是播放记录漫游,用户可以随时随地续播;三是支持变速播放,播放的快慢由用户自己决定;四是屏幕任意旋转,用户可以自由把控视角。除此之外,根据不同网民的影音观看偏好,腾讯还推出网页版和客户端两种视频观看模式。

腾讯视频做出如此大的改变,初衷是为用户提供独特的使用体验。腾讯视频的发展,是以用户的需求为目标,用户需要什么,腾讯视频就提供什么。最终达到的目的是让用户无论选择网页版还是客户端,都能够体验到高品质的差异化视听体验。

此后，腾讯视频在技术创新上不断取得突破，通过iSEE内容精细化运营理念，将热播大剧通过联动平台进行立体式重点推送，使用户能够第一时间触达视频信息。除此之外，用户还可以通过腾讯视频经典影视剧循环播放功能，来重温经典。

腾讯视频在提升用户体验上的努力得到了回报。2011年，腾讯视频在半年时间里就创造了10部热播剧点播破亿的纪录。《新还珠格格》超过9.5亿的点播更是创造了腾讯视频播放量的最高纪录。

腾讯视频的成功在于能用技术创新为用户提供独特的使用体验，独特的使用体验为产品带来用户的忠诚度，自然能够取得非常好的效果。马化腾注重用户使用体验的原因，正是因为在体验经济时代唯有独特的使用体验才能带来产品的成功、企业的发展。腾讯依靠这种理念来打造产品，苹果和小米也依靠这种理念来开发产品，也取得了非常好的效果。

在基于用户体验来设计产品的这个思路上，显然，乔布斯是个典范。苹果采用的是客户体验升级模式，更简洁的设计、更友好的用户界面、更方便的使用场景、更为高雅的外观和更为舒适尊贵的持有感等构成了更好的用户体验。这种客户体验基于卓越设计的产品之上，包括企业与客户接触沟通的每一个触点、触面上。

许多客户第一次走进苹果的门店时，最大的感受就是苹果店的环境设计和其他IT电子产品的店面完全相异。在看上去朴实无华的桌架上，各种产品的展示、使用恰到好处。客户购买完毕后走出店面时提的购物袋，也可以制造出一种独特的购物体验。

小米公司同样也是在通过为用户打造独特的使用体验来制造手机。

一切为了用户的体验，用心做产品，这是雷军在众多场合下从不改变的对于小米的定位。

小米最值得一提的秘籍是"可感知体验"。比如，为了测试小米3的高灵敏触摸屏的敏感性，小米的产品团队从市场上买回了各种厚度和材质的手套去一遍遍试验。

再比如，为了凸显小米电视的外观色彩设计，曾是摄影深度爱好者的小米副总裁黎万强想出了一个办法：将发布会的体验区专门进行了装潢，按照不同的使用场景设计出 8 种色调，让用户有身临其境之感。

苹果与小米的成功，很重要的因素就是在为用户打造独特的使用体验上下足了功夫。当前互联网时代，正处在体验经济将取代产品经济的转折点。从行业角度来说，由于技术的普及和竞争对手的不断增加，厂商的成本可压缩空间和利润空间都趋于零。由于技术实现与需求的关系已经达到饱和，在革命性的技术变革出现前，小规模技术改进对需求来说几乎没有任何刺激。这时，"使产品与客户产生共鸣""制造让客户难忘的体验"成为新时代先发企业的制胜法宝。

因此我们就能理解马化腾所谓的"独特的体验是产业的价值源头"，也不难理解为什么腾讯视频能够取得成功。这是由体验经济的时代特色决定的，在这个注重用户体验的时代，谁能打造出出色的用户使用体验，谁就能取得成功。

▨ 为用户打造"在线生活"

对于互联网企业来说，要把企业发展战略放在为用户服务的基础之上，如此，战略才能得到用户支持，也才能取得成效。腾讯的发展战略很多都是建立在为用户服务的基础之上，2005 年推出的"在线生活"战略就是其中的典型。

2005 年，在盛大提出网上迪斯尼和家庭娱乐战略之后，腾讯也推出了在线生活战略。借此战略，腾讯希望利用 5—10 年的时间成为一家能全方位满足用户在线生活需求的公司，让每个用户像离不开水和电一样，不管是在生活上还是在工作上都离不开腾讯。为了达到这个目的，腾讯开始着手在线生活产业模式的业务布局。这一布局不仅体现在娱乐方面，还体现在基本信息方面。在娱乐方面,腾讯推出了游戏、音乐、游戏、电台和电视直播等,还为用户提供彩铃、彩信等无线增值业务;在基本信息方面,腾讯推出了门户、电子邮件、即时通信、个人博客与论坛等业务。

除此之外,腾讯还要为用户开发 C2C 电子商务网站。拍拍网是腾讯在线生活战略的重要业务布局,不仅为互联网用户提供了方便、自由的网上交易平台和互动社区,还通过"财付通"在线支付平台,为个人和企业提供便捷、安全的在线支付服务。拍拍网与传统的 C2C 电子商务相同,又有所不同,拍拍网融入了更多的沟通和娱乐方面的东西。同时,拍拍网还利用 QQ 群为买卖双方建立了更紧密的联系。这无疑能为用户在线生活提供更大的便利。

腾讯对在线生活战略非常重视,为了突出表现腾讯这一发展战略,腾讯还专门拍摄了广告片,广告片分为 60 秒和 30 秒两个版本。广告片依靠"当你走近世界,当世界走近你,在线精彩,生活更精彩"的广告语,以及极具温情色彩和人文关怀的场景,完美诠释了腾讯在线生活战略。

腾讯的这一发展战略之所以能够为腾讯的发展带来好处,就是因为紧紧抓住了用户。互联网时代,有用户就有利益,全方位的服务能够吸引用户,用户的存在无疑能够促进业务成交,成交带来的就是利益。

腾讯的企业发展战略告诉我们,要想为企业赢得发展,就要为用户打造在线生活服务平台。马云也知道这一点的重要性,阿里巴巴在 2013 年上线了很多本地生活频道。

2013 年 7 月,阿里巴巴利用淘宝打造了本地生活服务圈,体现了淘宝进军本地生活领域的决心和野心。淘宝无线正式启动对本地服务商家招商,以"生活圈"的方式面向区域性线下门店和服务网点。这个"生活圈"在淘宝内部被称作"本地微淘"。在这个"生活圈"上,凡是支持自行配送、到店消费、上门提货的本地商家都可以进入这个"生活圈"。这一本地生活服务圈的推出极大地方便了用户,用户可以在这个平台上了解活动、优惠、服务等信息。

此外,淘宝还于 2013 年 7 月 3 日上线了"淘宝电影"客户端,用户可直接使用手机进行选座。这一客户端覆盖 702 家电影院,用户只需花费 9.9 元就可以看电影。用户不需要提前到电影院排队买票,只需要通过电脑和手机提前选好场次和座位并完成支付,就能在电影院的取票机上获得电影票。

同年 7 月,淘宝推出手机应用"懒人点菜"神器——"淘宝点点"。在这个客户端上,用户可通过手机扫描桌上二维码实现快捷点餐,同时还可以通过推荐菜单以及其他网友的菜单来选择菜品。

同时,淘宝还推出了"淘宝同学"以及家政 O2O 平台,进军教育领域与普通生活领域。在为用户带来便捷服务的同时,淘宝也实现了自身的发展。

淘宝和腾讯的成功是有根可寻的,它们的战略布局是全面的,这种布局渗透到沟通、资讯、娱乐、商务等各个方面,同时还把这些业务进行了深度整合,最大限度地方便了用户。

腾讯在推行在线生活战略的时候,已经成为中国市值最高的互联网公司,全球大约排在第三位。此时的腾讯需要做的是更加理解用户,一站式在线生活战略的推出,就是腾讯理解用户的最佳体现。事事为用户考虑,自然能够得到用户的推崇,这对腾讯的成长与壮大具有强大的推动作用,也是腾讯能够轻松应对 2009 年全球金融危机的重要原因。

在互联网时代,没有任何一个企业能够一家独大。只有扩大互联网的边界,才能把产品完全无缝地融入用户的生活,得到用户的喜欢,同时促进自身的发展。

第四章　管控，成功要靠团队

群策群力，奔一流而去

⊠ 腾讯的决策，都是集体决策

对于企业经营者来说，拥有权力并不意味着样样都在行。一个人的力量必定是有限的，团队的力量才是无限大的，企业经营者在做决策的时候要依靠团队的力量。

马化腾深知集体决策的重大作用，所以在做每一次决策的时候都会进行集体沟通。正如他所说："腾讯的决策，基本上都是集体决策，不是靠一个人。我想做，不管下面理解不理解，同意不同意就这么硬推，从来不是这个风格。都是比较温和一点，大家都明白要做什么，最后一起来决定做这个事情。这样大家才有投入感、参与度，每个人都有自己的贡献。"这就是腾讯做决策的方式，依靠集体的力量，腾讯每走一步都取得了良好的成绩。

腾讯做决策的方式是非常理性的，不存在所谓的一人独大，决策流程也非常合理。通常，在每做一件事的时候，马化腾会第一个提出想法，然后让员工们提出建议，大家会把这些建议收集起来，通过互相沟通，寻找出最切实可行的决策。依靠这种方式做出的决策，往往是理性的，也是成功的。

腾讯在成立的时候，马化腾除了让自己对公司有控股权外，这一时期还有另外四个创始人：张志东管研发，研发分客户端和服务器；曾李青管市场和运营，主要和电信运营商合作，也出外找一些单子；陈一丹管行政，负责招人和内部审计；许晨晔管对外的一些职能部门，比如信息部、对外公关部都属于他的管理范畴，最开始的网站部也在他的管辖范围内。这五人就是腾讯的"五虎将"，也是腾讯的五人决策团队。当时的腾讯虽然一股独大，但马化腾没有绝对控股，这也从一开始就使腾讯的创始人团队形成了民主决策的氛围。随着腾讯的不断壮大，即使发展到上万人的规模时，仍旧保留着这种民主决策的风格。

腾讯五人决策团队的建立，就是为了建立民主决策的氛围。任何人都不能独断，任何决策都可以在讨论中进行，最终由集体来决定应该怎么办，从而保证决策的合理性。

集体决策是一种明智的企业管理方式。对于任何企业管理者来说，决策是管理活动中最重要的一步，而要迈好这一步，就要做到合理决策，科学决策，有效决策。而合理、科学、有效的决策不是一个人就可以搞定的，需要依靠集体的力量。然而，在现实生活中，很少有人能够做到这一点，这也往往会导致决策失败。

在实际工作中，时常看到的情况是一个重大的决策通常只由几个甚至一个人来决定。这种决策方式带来的风险是由于决策者个人掌握的信息有限，造成决策的不够严谨、周密。决策者对未来形势的变化估计不足，容易导致错误的决策假设。由于决策者的多数不是一线执行人员，决策指导不了操作，容易缺乏可执行性。这就使得在企业决策过程中，存在很多误区，这些误区将会使企业驶向错误的航道，影响企业的发展。

决策要想正确、合理，就需要了解不同的信息，需要对企业经营中的情况进行有效判断。但是，任何决策者都不可能掌握全部的信息和资源，所以决策者必须重视别人的意见。尽管某些意见不能被采纳，但至少可以作为决策的参考，即使是那些反对的意见，也可以提醒决策者需要规避决策中的风险。

本田宗一郎被誉为"20世纪最杰出的管理者"。回忆往事，他常常对周围的人说起一则令他终生难忘的故事。一次，一位来自美国的技术骨干罗伯特来找本田，当时本田正在自己的办公室休息。罗伯特高兴地把花费了一年心血设计出来的新车型设计图纸拿给本田看。"总经理，您看，这个车型太棒了，上市后绝对会受到消费者的青睐……"

当时本田正在闭目养神，罗伯特看了看本田，话还没说完就收起了图纸。第二天，罗伯特见到本田后，第一句话就是："尊敬的总经理阁下，我已经买了返回美国的机票，谢谢这两年您对我的关照。"面对本田的惊诧，罗伯特坦言相告："我离开您的原因是由于您自始至终都没有听我讲话。就在我拿出我的设计前，我提到这个车型的设计很棒，而且还提到车型上市后的前景。我是以它为荣的，但是您当时却没有任何反应，而且还低着头闭着眼睛在休息，我一恼就改变主意了！"

后来，罗伯特拿着自己的设计到了福特汽车公司，受到了高层领导的关注，新车的上市给本田公司带来了不小的冲击。通过这件事，本田宗一郎领悟到"听"的重要性。他认识到：如果不能自始至终倾听员工讲话的内容，不能理解员工的心理感受的话，就有可能会失去一位技术骨干，甚至是一个企业。

这就说明，决策者的任何决策都需要一种决策艺术。决策者必须重视员工的意见，必须善于把自己的决策通过员工参与的方式体现出来。因为所有的人都想当主人，不想做奴仆。决策者要积极地引导员工参与决策，以提高绩效。

企业决策在名义上是行政领导的权力和功能，在实质上则是集体智慧的结晶，尤其在现代化的企业里，可以说每一项企业决策都需要许多学科的知识和数据，都是许多部门和人员共同努力的结果。因此，在决策过程中需要实行以上级与下级、专家与公众相结合为主要特征的、多元参与的民主化决策。此外，行政组织内部各个部门、层级和各项业务之间相互联系、彼此制约的组织关系，也要求在决策过程中实行民主参与。

⊠ 惰性，企业最危险的敌人

走过磨难后开始发展的企业，最怕的是什么？最怕的是团队产生惰性。这种惰性是可怕的，它会损害团队的创造性，让整个团队没有活力。

团队没有活力对于企业来说是非常可怕的，它最终会使一个企业丧失竞争力。在一个企业里，可能存在很多团队，这些团队之间唯有相互竞争，才能保存活力，也才是最佳的企业状态。

马化腾也怕自己的团队存在惰性，他希望腾讯的各个团队之间保持互相竞争的状态。正如2013年他在复旦大学与马云、马明哲共同探讨互联网保险发展时所说："其实在互联网行业十几年，竞争无处不在，都是家常便饭，所以我们也是抱着一种平常心态看这个问题，之前也沟通过，其实我们最怕的是团队内部有惰性，包括微信本身也是我们内部竞争的一个结果，它并没有诞生在原来的QQ团队里面。"马化腾一直强调团队不能有惰性，要时刻保持竞争的状态，团队要与别的企业的团队进行竞争，企业内部的团队之间也要竞争，这样才能激活自己，释放巨大的潜力。

腾讯内部团队之间确实存在着竞争，微信团队与手机QQ团队之间的竞争就是最好的证明。

手机QQ和微信是腾讯旗下的两大手机应用，并且两者在某种程度上有一定的相似性，两者如何共存一直引人关注。两个团队之间存在着竞争，因为两者存在一定程度上的同质化。连马化腾自己也表示，两个产品的研发团队之间确实存在竞争状态，但马化腾对这种状态持乐观的态度。他倡导两个团队除了竞争之外，还要互相学习。

新版手机QQ有些新功能与微信相同，主要有扫描二维码加好友、免费创建聊天群等，这些功能都是微信原有的功能。除此之外，手机QQ还模仿微信打通手机QQ与手机通讯录。通过这个功能，用户可以选择将QQ号码与手机号进行捆绑，把手机通讯里的朋友发展为QQ好友。

截至2013年5月，手机QQ的活跃用户为5.5亿人，活跃用户整整是微信的两倍。但随着时间的推移，微信的活跃用户也不断增加。截至2016年12月，已经有将近9亿用户。

手机QQ的研发团队与微信团队之间是存在竞争的。正是由于这种竞争的存在，两者才能得到不断的完善和发展。正是因为有了竞争的存在，所以才能激发创造力，才能相互学习、相互促进。

马化腾强调腾讯要拒绝惰性，要依靠团队之间的竞争来获得发展。这给企业经营者以启示：要允许企业内部的团队之间存在合理的竞争。

合理的竞争要求团队之间形成一种正常的竞争关系，求同存异，互相支持，密切合作，千帆竞发，百舸争流，最大限度地发挥积极性和创造性，努力实现企业的整体目标。组织内各团队的地位差、功能差，即反映了相应的权利和义务，也反映了相应的责任和贡献。这是组织系统内部各团队在协作过程中存在竞争的客观原因。在组织内部，竞争是一种最活跃的因素和力量，具有使组织系统不断发生变化的功能。这种功能既可以使组织系统进步，使组织的作用充分发挥出来，也可以给组织系统带来破坏性变化，造成组织系统的不稳定，产生结构性内耗与功能内耗。

为了最大限度地实现公平、合理的竞争，企业经营者既要严禁内部人员封锁信息，互相拆台，制造矛盾，增加内耗；也要反对内部人员满足现状，不求进取，被动应付，得过且过。特别应小心的是那种不择手段、以邻为壑、尔虞我诈、冷酷无情的倾轧和竞争的情况。只有这样，才能减少部门之间的冲突，提高各部门协同作战的工作效率，也只有这样，组织才能得到稳固的发展。

构建高效能的团队并不是一蹴而就的事，很少有团队在建立之初就是高效能的团队。无论在任何时候，团队都是存在惰性的。团队的高效来源于竞争，来源于在竞争中激发的创造力。所以，作为企业经营者要像马化腾那样允许企业内部团队之间存在竞争，并能恰当地处理这种竞争，使竞争走向合理化、正常化、理性化。

❌ 搭配人才，领导者的必修课

为了让员工了解自己在企业中应该承担什么责任、扮演什么角色，如何为公司付出，腾讯也做了很多职业竞争文化的落地尝试。

在马化腾看来，一个团队的人才搭配得合适与否，对企业的发展很关键。其实，不只是马化腾，所有企业领导者都应该经常了解员工的情况。对那些处在成熟期的员工，要适时让他们百尺竿头更进一步，给他们分配一个能力要求更高的岗位，或难度更大的工作，避免他们滑入饱和期，造成人才的浪费。

搭配人才，是领导者的必修课。将各种各样的人才合理搭配，既能让每个人各展所长，又能让组织结构务实高效，还能让整个团队更具有战斗力。有一个关于法国骑兵与马木留克骑兵作战的故事，对企业管理者很有启发意义。

骑术不精但纪律性很强的法国骑兵与善于格斗但纪律涣散的马木留克骑兵作战，若分散而战，3个法国骑兵战不过2个马木留克骑兵；若百人相对，则势均力敌；而1000个法国骑兵必能击败1500个马木留克骑兵。原因在于，法国骑兵在大规模协同作战时，发挥了协同作战的整体功能，使每个人的力量在与他人的搭配中产生了神奇的1+1>2的作用。

这个故事说明了领导者在安排人员时要争取优化整个队伍的人员构成。所谓优化，绝不是最优秀人才的聚集，而是各类专门人才的集合。通常来说，一个团队中要有这样一些人才：有高瞻远瞩、多谋善断、具有组织和领导才能的指挥型人才；有善解人意、忠诚积极、埋头苦干的执行型人才；有公道正派、铁面无私、心系群众的监督型人才；有思想活跃、知识广博、善于分析的参谋型人才……如果团队中全是同一种类型的人才，那肯定搞不好工作。只有合理地搭配人才队伍，才能做到人尽其才、各展所长，整个团队才更具战斗力。

李嘉诚就是一个精于搭建科学高效、结构合理的人才队伍的优秀领导者。在他组建的公司领导班子里，既有拥有杰出金融头脑和非凡分析本领的财务专家，也有经营房地产的老手；既有生气勃勃、年轻有为的人，也有作风严谨、善于谋断的洋人；既有公司内部的高参、助手和干将，又有企业外部的智囊、谋士和客卿。可以说，这个团队里既结合了老、中、青的优点，又兼备中西方的色彩，是一个行之有效的合作模式。

价值连城的钻石和普普通通的石墨，一个坚硬无比，一个柔软细腻，但两者的构成元素却是一样的。同为碳原子，仅仅因为排列的不同，就产生了截然相反的两种物质。同样，合理安排人才的组合方式，既能让每个人才超水平发挥作用，也会使整个人才队伍的能量呈指数级增长。

一台发动机或者一辆汽车，甚至一架飞机，拆散了不过是一堆机械零件和螺丝钉，没有计划、没有组合地堆积在一起，只能算作一堆废铁。正因为组合得好，所以才价值不菲。用人如用药，老中医因为熟悉各种药材的药性，配药得当，常能取得奇妙的功效。同样，对于每个下属在能力、性格、爱好等方面的不同特点，领导者也要心中有数，这样才能将各种各样的人才合理搭配，使得个人和队伍都能够发挥出最佳的人才效益。

唐太宗就很注意合理搭配使用人才。他将手下个性迥异、能力有别的人才一个个都放在了适合的位置上，从而使得人才队伍构成合理、组织结构务实高效。房玄龄处理国事总是孜孜不倦，知道了就没有不办的，于是唐太宗任用房玄龄为中书令。对于国家大事，房玄龄能提出许多精辟的见解和具体的办法来，但却不善于整理，很难决定颁布哪一条。杜如晦虽不善于想事，却善于对别人提出的意见做周密的分析，精于决断。于是唐太宗将他们俩搭配起来辅佐自己，从而形成了历史上著名的"房谋杜断"的人才结构。

此外，唐太宗任用敢于犯颜直谏的魏徵为谏议大夫，任用文才武略兼备的李靖为刑部尚书兼检校中书令，都做到了人尽其才、才尽其用。房玄龄、魏徵、李靖等人的合理搭配，既各得其所，尽展风采，又让大唐初期的这个管理层在历史上有口皆碑。

1+1=2，这是尽人皆知的简单数理逻辑，可是用在人才使用的组合上却不一定。如果搭配得当，1+1不但等于2，很可能等于3、等于4，甚至等于1000、10000。可是，如果调配不当，1+1不但可能等于0，还可能得出负数来。所以，领导者不但要考虑到下属的才智和能力，还要重视合理的人才搭配。

⊠ 在不断的试错与学习中前进

马化腾认为企业在打造产品的过程中需要容忍失败，允许适度浪费。容忍失败就是允许内部试错，允许在失败之后不断进行尝试，唯有如此才能最终成功。而马化腾所说的允许适度浪费，是指在资源许可的前提下，并且在战略上也是必需的时候，即使有一两个团队同时研发一款产品也是可以接受的。关于马化腾的这一产品打造理念，在微信这款产品上也得到了完美体现。

微信团队的试错主要体现在对公众账号的不断完善上。刚开始时微信公众账号作为一种"轻应用"，在交互上呈现出退步的趋势。这主要是因为公众账号的读者需要通过文字、数字、字母等方式来获取内容，这就要求运营者每日更新目录、匹配图文内容关键字，这个过程对于双方来说都是非常痛苦的。在发布微信之后，这一问题就凸显了出来。为了解决这一问题，微信团队对公众账号进行了完善，在原有的基础上加上了自定义菜单。自定义菜单可以解决读者和运营者双方的上述问题。

但是这一方式并没有完全解决问题，因为并不是所有人都有机会获得自定义菜单的权限，只有服务号、经过微信认证的订阅号才能获得自定义菜单。这无疑提高了自定义菜单的获取门槛，读者不知道该如何进入，活跃度自然提不上来。微信团队发现了这一问题，正在尝试着解决这一问题。

微信公众账号就是这样在不断试错的过程中逐步走向完善，时至今日，微信公众账号仍在试错，还在不断调整完善。

腾讯的允许试错主要体现在对研发团队的包容上。在今天，很多人都看到了成功的微信，却不知道微信的研发过程。其实，在腾讯内部曾先后有几个团队都在同时研发基于手机的通信软件，并且每个团队的设计理念和研发的方式都是不一样的，而最后的结果是微信更受用户的青睐。几个团队同时在研发软件，唯有微信成功，资源浪费无疑是存在的，但是在马化腾看来，这样的浪费是允许的，这样的浪费是为了获得更为出色的产品。正如马化腾所强调的："在微信的开发和运营中，腾讯也在不断地试错和学习。"其实，马化腾的这个理念不仅体现在微信上，还体现在其他的产品上。马化腾一直奉行并非所有的系统冗余都是浪费，不尝试失败就没有成功。

在互联网时代，作为互联网企业的经营者来说，这种产品打造理念显得尤为重要。李彦宏也崇尚这一产品打造理念，在打造百度搜索引擎的过程中就是不断试错，才成就了今天出色的百度。

在打造百度搜索引擎的过程中，百度的一位工程师曾建议将搜索结果页模板的行宽从 500 像素调整至 600 像素。但是李彦宏考虑到用户电脑配置高低是不同的，所以就没有马上投入大规模的尝试，而是选择先让 10% 的用户上线试用。结果显示用户的点击量非但没有增加，反而有所下降。看到如此结果，李彦宏果断选择下线。

在百度，有些总监总是过于小心，他们不敢让下属试错，李彦宏却鼓励他们说："我们现在还是小孩子，没有孩子在小的时候不摔跤的。如果现在就不敢摔跤了，长大以后就更不敢了。小批量试一下，结果马上就可以知道，有错就改，有何不可？我认为，与损失的那一点点流量相比，鼓励工程师有不断改进的想法和创新意识显得更为重要，它带给我们的将是源源不断的前进动力。"

在李彦宏的这种理念下，百度做了"贴吧"，做了"MP3 搜索"等产品，这些产品都是在试错的过程中不断壮大的。李彦宏深知虽然用户对这些产品有强烈的需求，但是，这并不代表就一定会有良好的市场，只有在实践后才能知道。所以，李彦宏迅速推出了一系列产品，然后在试错的过程中不断完善，最终的实践证明这些产品都非常成功。

李彦宏的试错理论与马化腾倡导的"容忍失败，允许适度浪费"的原则是相同的。他们都在强调打造产品的过程中失败是允许的，为完善产品而造成的适度浪费也是允许的。互联网是一个全新的行业，在这个新行业中，产品的打造没有太多成功的先例可以参考，所以在这个时候就要勇于试错，要在摸索、实践中不断调整和完善自己的产品。这也是马化腾强调"容忍失败，允许适度浪费"的原因所在。

对失败的容忍已成为许多杰出公司的精神内涵之一，而且直接由公司高层灌输、培养这种精神。创新必须经历无数次的试验，并遭受无数次失败，否则就无法从失败中取得成功。敢于试错，就有可能出新成果，即使失败了，也并不是一无所获，起码证明了此路行不通。敢于试错，勤于创新，说明了成员热爱工作，热爱事业，关心组织。这也正是组织需要的，应鼓励这种精神。失败对成员自身构成了打击，如果再给予批评甚至惩罚，则会打击其积极性，给其造成压力，也就会有碍其创造性的发挥，组织也就会成为死水一潭。

时代需要英雄，企业需要团队

☒ 再完美的个人，都不如协同作战的团队

时代需要英雄，更需要伟大的团队。一个人的智慧再高，能力再强，对于迅速增加的信息和不断更新的知识也无法做到全面掌握，你表现得再出色，也无法创造出一个团队所能产生的价值。所以，一味强调个人力量、个人作用的观念本身就已经被时代淘汰，团队合作才是聪明之举。

腾讯有5位创始股东——马化腾、张志东、曾李青、许晨晔、陈一丹。许晨晔是一个非常随和且有自己的观点，但不轻易表达的人，是有名的"好好先生"。他最大的爱好是与人聊天，有多种多样的兴趣。陈一丹十分严谨，同时又是一个非常张扬的人，他能在不同的状态下唤起大家的激情。

曾李青是腾讯5个创始人中最好玩、最开放、最具激情和感召力的一个，与温和的马化腾、爱好技术的张志东完全不同。

马化腾是团队中最具协调能力的人，他往往能从大家的争论中发现价值所在。作为一个集体领导的管理团队，不可避免地会有不同想法，甚至会有很多意见无法统一的时候。在这种情况下，起推动作用的往往是马化腾。

可以说，在中国的民营企业中，能够像马化腾这样，能够选择性格不同、各有特长的人组成一个创业团队，并在成功地开拓局面后还能保持着长期默契合作的人是很少见的。

尽管后来引进了来自高盛的刘炽平、来自微软的熊明华等高管，马化腾的创业团队多年来都很稳定。马化腾对此评论道："大家是互补的，我不是所有东西都看得准，争议让我们不会头脑发热。看起来我们做的事情很多，但都经过了深思熟虑，操作的时候谨小慎微，比较注重成本。"

没有完美的个人，只有完美的团队。在企业中，我们常常可以看到有的人外向，有的人内向；有的人泼辣，有的人文静；有的人健谈，有的人寡言；有的人急躁，有的人淡定；有的人风度翩翩、彬彬有礼，有的人不修边幅、不拘礼节……在优秀的团队中，不同的个性可以实现取长补短。

现代企业既要尊重每位员工的个性，使其创造性得到最大的发挥，又要强调和培养团队精神，使每个人、每个部门协同作战，实现最好的整体功能。这就要求管理者在考虑人才队伍的配置时，一定要注意员工的个性互补，减少内耗，增强合力。

▨ 企业跑马圈地拼的是集体的力量

有些企业经营者认为移动互联网进入了"拼爹"时代，没背景、没资源的"草根"创业基本没机会。但马化腾不这样认为，他认为在移动互联网时代，企业跑马圈地拼的不是"爹"，而是团队。马化腾特别看重团队精神，认为只要有一个优秀的团队，就能打造出颇具竞争力的产品。在移动互联网时代，市场不拼钱，也不拼流量，更不是"拼爹"，更多的是在拼团队。为了创建优秀的团队，腾讯一直在人才上蓄力。正如马化腾所说："人不是越多越好，人是分母，成绩是分子，加的每一个人，每一个都是精心挑选的人才能真正大于原有的平均值1，否则加得再多也永远小于1，永远大不过1的格局是很难扭转的。"

在马化腾看来，唯有优秀的团队才能打造出优秀的产品。微信之所以能够取得成功，就是因为后面有一个出色的团队。

在和众多相似产品的竞争中，微信以其快速、稳定赢得用户的青睐。这其中起决定作用的是开发团队。微信团队有个核心人物——张小龙，张小龙对移动互联网有其独特的理解。在他的带领下，微信团队把"追求技术与自然的本质"当作团队内部的信念，在这种信念的支持下，微信团队能在短时间内快速迭代，使微信不断臻于完善。

微信的成功除了有张小龙的出色领导外，背后还有一直敢于攻坚的团队。微信团队的成员们几乎每天都工作到凌晨3点，他们把自己称为"矿工"。每个人在打造微信的过程中，都在积极发挥主观能动性。正是因为这种团队精神，微信能够在iOS版本发布后的3天，就发布安卓版本；随后仅过了两天又发布了塞班版本；并在2011年12月21日，发布了微信Windows Phone语音版。仅用了1年的时间，微信团队进行了4个平台共44次的迭代更新。

从Web端产品进入手机端应用，微信团队凭借厚积薄发的技术实力，凭借对用户需求的敏锐感知和准确把握，打造了超强的战斗力。这也是微信能取得成功的原因所在。

就此我们不难看出，新时代需要的是团队精神，而不是单打独斗。马化腾一直致力于打造优秀的创业团队，不管腾讯发展得有多么出色，这种打造优秀团队的信念就从来没有动摇过。这主要是因为马化腾深知衡量一个企业是否有竞争力，是否能够永续发展，其决定因素不是理念有多先进、资金有多雄厚、技术有多过硬，而是企业是否有团队合作精神，尤其是企业的员工是否具有合作意识。

团队的力量远远大于一个优秀人才的力量。今天，高唱个人英雄主义的时代已经一去不复返了。靠个人单打独斗已经无法赢得市场的决胜权，只有通过团队的力量才能提升企业整体的竞争力，只有你的团队比别人的更优秀才能在竞争中形成优势，发挥团队的力量已经成为赢得未来竞争胜利的必备条件。

微软在开发 Windows2000 系统时，有 300 多名的研发工程师和测试人员参与，写出了 50 多万行代码。如果没有高度统一的团队精神，没有全部参与者的默契与分工合作，这项工程是根本不可能完成的。

微软公司让数以百计的雇员成了百万富翁，可是，他们中的许多人在获得了经济独立之后，仍继续留在微软工作。在某些人看来，这些家财万贯的百万富翁，无疑是脑子有问题。的确，大多数人认为，发财就等于取得了辞职的资格证书。但是，事实证明，微软公司的百万富翁们并不那样认为。

如果你知道了微软公司的工作条件并非舒适安逸，你就会觉得雇员们的这种献身精神难能可贵。在这里，一周工作 60 个小时是常事，在主要产品推出的前几周，每周的工作时数还会过百。微软公司也并非以高额津贴出名，相反，它以吝啬著称。据微软公司的一位前任副总裁透露，多年以来，董事长比尔·盖茨因公出差时，总是自己开车去机场，而且坐的是二等舱。

那么，是什么神奇的魔力，竟使这帮百万富翁在获得经济独立后仍然如此卖命地工作呢？答案只有一个，那就是完全超越了自我的团队精神。这种团队精神已在微软公司落地生根。微软人认为，他们不属于自己，而是从属于某种特别的东西——"微软"这个团体。

合作才能发展，合作才能胜利，这是今天很多企业的共识。合作产生的力量不是简单的加法，团队的力量远远大于一个优秀人才的力量，协作的力量要大于每一个人力量的总和。合作是团体的最大优势，成员间的默契配合会使团体发挥出最强大的力量。

没有团队精神的企业是缺乏竞争力的，只有具备团队精神的企业，才会形成一种无形的向心力、凝聚力、战斗力和创造力。即便思想理念暂时落后、企业资金暂时紧缺、技术含量暂时过低，但是只要大家心往一处想，劲往一处使，有困难就可以靠集体的力量克服，没有的东西也能创造出来，缺少的东西也会心甘情愿地去补上。这样的企业就会战无不胜，这样的企业就会显示出无穷的动力。

团队精神决定着一个企业的凝聚力和竞争力。所以，每一个人都要主动加强与同事之间的合作，提高自己的团队合作精神。从老板到员工，各个层级的人应该是团结一致的，只有这样，这个企业的团队精神才最强，才最具有核心竞争力。因此，身为企业管理者要使每一个人都融入到团队中去，而不是单打独斗。

⊠ 八大福利，激励员工

要想人才发挥重要的作用，就要让人才得到实惠。马化腾深知人才激励机制的重要性，所以在人才激励上从来都很大方。比如，2011年的腾讯涨薪幅度达到9.3%，并拿出了10亿元作为免息购房贷款。这10亿元的"安居基金"计划，使员工在购房时可以不计利息贷款。这对人才的吸引力无疑是巨大的，它的作用甚至比任何一个招聘广告都精准有效。

作为互联网行业巨头，腾讯的薪酬福利一直被视为互联网业的风向标。2011年，腾讯为员工量身打造的"八大福利"，更能体现出马化腾对人才的重视。

固定工资。腾讯根据员工的岗位性质以及工作内容为员工提供固定工资。腾讯为员工制定的固定工资在业内极富竞争力，同时，公司每年都会对绩效表现优秀的员工进行薪酬调整。

绩效奖金。腾讯在每年年度结束后，都会为员工提供年度绩效奖金，年度绩效奖金根据员工的绩效表现来决定。腾讯的绩效奖金能够最大限度地体现员工绩效和贡献，体现薪酬激励的绩效导向。

年度服务奖金。每年年度结束后，腾讯会为每一位在公司服务到年末的员工提供年度服务奖金，以奖励那些为企业作出贡献的人。

股票期权。腾讯为立志在公司长期发展且绩效表现持续优秀的骨干员工提供公司股票期权，腾讯这样做是为了能够让员工可以分享公司的业绩增长，把个人利益与公司发展的长远利益紧密结合在一起。

员工保障计划。腾讯为员工提供包括国家规定的养老保险、医疗保险、工伤保险、失业保险的保障计划，同时还提供每年一度的健康体检，以及最高保额为10万元的人身意外伤害保险、寿险。

专项奖励。腾讯每年都会对优秀的员工和团队进行奖励，体现对优秀员工、团队的认可和奖励。腾讯还提供了"星级员工""星级团队"等专项奖励。

员工带薪休假计划。腾讯为员工提供除法律规定的公休假日及婚假、产假等休假外，工作满1年以上的员工，根据工作年限可享受7—15天的带薪年假。

其他福利计划。腾讯为员工提供了全方位的福利计划，这些福利包括：年度旅游、各种员工俱乐部、婚育礼金、免费班车、夜宵、入职周年纪念Q币、员工救助计划等，同时还可为员工解决户口问题。

通过这八大福利，我们不难发现腾讯对人才激励的重视。企业要想吸引人才，发挥人才的主观能动性，就要舍得花钱。企业经营者要学会鼓励和鞭策员工，使员工的优势和潜力得到最大程度的发挥。金钱无疑是一个重要的工具。著名的思科公司也非常重视用奖励机制来留住人才。

在设置薪酬时，思科会进行全面市场调查，以此来确定员工的底薪不会因低于行业标准而影响员工的积极性。

调动员工更大积极性的则是思科丰富多样的奖金。奖金设置大约分为三类：销售奖金（销售人员）、公司整体业绩奖金（非销售人员）、期权（全体员工）。由于在中国不能实现股票支付，所以思科在中国根据一定的比照方式以现金的形式支付给员工。股票部分是思科最具诱惑力的一部分，按国际一致的标准，每年给员工兑现 1 次。除此之外，他们还设有名为"CAP"的现金奖励，金额从 250—1000 美元不等。员工的贡献一旦被确认，他就可以及时拿到这笔现金奖励。

在所有的奖励中，思科的股票期权奖励是最具特色的。面对巨大的人力资源需求及严酷的人才竞争，思科公司甚至都会给予暑期实习学生股票期权。上市大公司这样做，是史无前例的。它显示了思科对于人才的高度重视，也表现出股票期权已成为思科奖励员工的一种重要方式。思科给予实习学生的股票期权是每年 100 股，虽然数目并不大，但这是在实习学生们未开始工作时就授予的。在他们毕业之前可以有多次分股，最终的数字是非常诱人的。

不管是思科的人才激励方式，还是腾讯的人才激励方式，都告诉企业经营者，激励下属是管理者必须要做的工作。激励的本质是为了告诉下属：你的付出我看到了，并深深赞赏；对于下属而言，领导的激励势必产生一种被尊重和被期待的内在认同感。其中一种重要的激励方式是金钱激励。员工为企业作出贡献，最直接的目的是取得薪资报酬，以维持和改善日常生活。保证正常生活是团队成员的基本需求，排在其他需求之前。虽然金钱激励并不是唯一有效的激励方式，但却是最直接的，必不可少的激励方式。

企业经营者要为员工设计合适的薪酬系统，使其对个人、团队和企业绩效产生正效应。但是这里有一个前提，前提就是金钱激励方式要合理，唯有合理的金钱激励方式才能激发员工工作的积极性。

⊠ 身先士卒，打造团队战斗力

俗话说，"一个篱笆三个桩，一个好汉三个帮"。在任何情况下，单靠自己一个人的力量是不够的，必须依靠团队的力量。对此，马化腾感同身受，他说："腾讯的成功最初是运气，后面就是整个团队一起一场场硬仗打出来的。"

团队的力量不容小觑，每个人都希望自己的团队是所向无敌的。那么，如何打造一支永远充满活力的过硬团队呢？

这就需要带头人身先士卒！所谓"其身正，不令而行"，作为团队带头人，要时刻作出表率，身体力行，这样员工才能追随你、信服你，才会努力地完成你交给的任务。马化腾无疑就是这样一个人，拥有巨额的财富，依然坚持工作，和员工一起讨论、一起加班。这样的人想不成功都难！

然而，在一些企业里，有这样一些领导者：他们靠在舒服的椅背上玩着微信，聊着闲天，却对员工指手画脚；还有些人，他们隔空喊话，高高在上地布置任务，从不认真思考这个任务该怎么和下属一起更好地完成，任务来了，布置下去就算交差。殊不知，这种领导方式会失去员工的信任和热情，甚至会损害企业的利益。只有懂得走到员工中去，让员工感受到你的存在，队伍才能更出色地完成任务。

某公司经理上任伊始，一改前任领导做事拖泥带水的风格，决心整顿公司内部的业务，并制定出了相应的对策，自己带头遵守公司的新规章，但效果并不理想。经过了解，他才知公司的员工都抱着观察态度，不太信任他的能力和专业水平。鉴于此，该经理决定亲临第一线，与销售人员一道奋战。一个月后，公司业务量大增，效益也大为改观，员工内部赞叹声一片。从此，大家都以该经理为榜样，勇于承担责任，积极主动干活，公司的发展前景一片光明。

卓越的领导者应该严格要求自己，多吃一点苦，多为下属负担一点工作，拿出一些举措来，只要用自己的行动干出实绩，下属自然会心服口服。俗话说，群众的眼睛是雪亮的。下属最讨厌的就是光说不练，只要领导者多做出一些实际业绩，给下属做个榜样，自然会在下属中树立起威望。

员工和企业血脉相连。在中国经商，机遇不单单垂青有准备的人，更垂青有爱心的人、有感恩之心的人。领导者只有把员工当成宝贵财富，员工才能为企业不遗余力地创造财富；领导者只有对员工多加珍惜，常抱感恩情怀，并以具体行动向员工表示感谢，员工才能努力回报企业。一座气势宏伟的大厦是由一块块坚固的砖堆砌而成的，同样，一个好的企业是由一个个优秀的员工组成的，员工的每一个行为都影响着企业的生存发展。

人，是成事之基

▨ 企业用人当以有德者先

人才是公司最大的财产。企业应注重人才的培养和储备，但更要注重人才的挑选。究竟应该挑什么样的人呢？不同的企业经营者有不同的观点，有的人认为企业选人应当技术优先，人品方面可以忽略不计。但是在马化腾看来，这种人才挑选方式是不正确的，选人当以人品为先。

在招聘时，马化腾定的第一个标准就是"人品好"，第二才是看专业能力和团队协作能力等。对于这种选用人才方式，马化腾有自己的理解："我几乎是有点偏执地超级强调这一点，我们几个创始人都喜欢简单，不喜欢搞政治化，哪怕你说我不懂也好，我就是强调简单，人品第一，这样的毕业生进入我的公司培养3年，我让他成为业务骨干。"

马化腾之所以注重人品，是因为他特别痛恨公司政治。很多公司都从外部引进职业经理人，最终都以失败告终。但是腾讯却成功地从外部引进了人才。在马化腾看来，腾讯之所以能够取得成功，就是因为腾讯高层的管理团队开放、务实的风格。这些职业经理人，有着很好的人品，能很好地融入腾讯。马化腾最痛恨公司政治，而要想杜绝这种公司政治，就要选人品好的职业经理人。

互联网行业竞争激烈，稍有不慎就有可能被对手超越，对人才的需求非常大。为了录取优秀人才，腾讯大张旗鼓地招聘互联网人才，但在招聘过程中有一条永恒不变的标准：不录用人品不好的人。

马化腾的选人标准给现代企业经营者提供了经验，选人首先应该选有德之人。很多企业经营者在选人的时候，总是喜欢选有才的人，而疏忽了有德之人。对于企业发展来说，选用人品好的人才非常重要，宝洁公司深知这一点，在选人的时候特别重视人品。

宝洁公司特别看重人才的作用，他们认为如果把所有的人才带走，而把资金、厂房及品牌留下，公司就会垮掉。相反，如果拿走他们的资金、厂房及品牌，把人才留下，仅仅用10年的时间，就能重建一个宝洁。就此我们不难看出宝洁公司对人才的重视。此外，宝洁公司还特别注重员工的素质，并把对人才的要求归纳为诚实正直、承担风险、积极创新、领导能力、能力发展、解决问题、团结合作、专业技能等八个方面。

很多企业经营者都在强调选人要选人品好的人，究竟什么样的人才是人品好的人才呢？人品好主要体现在以下三个方面：

首先，要有高尚的道德情操。

良好的职业道德是每一个员工都必须具备的基本品质。这是企业对员工最基本的要求，同时也是每个员工必备的素质。企业选人就应该选有良好职业道德的人。

有良好职业道德的人，忠于职守，乐于奉献。企业员工唯有安心工作、热爱工作、献身所从事的行业，把自己远大的理想和追求落到工作实处，在平凡的工作岗位上作出非凡的贡献，才能促进企业的发展与自我成长。企业在选人的时候就要选这样的人。不忠于职守，不乐于奉献的人不但很难做好本职工作，而且会波及和影响到整个团队，从而给团队带来较高的管理难度和风险。

其次，要有务实精神。

很多人总是自认为怀才不遇，并且总是好高骛远。这样的人浮躁、不务实，喜欢投机取巧，热衷于做表面文章。这样的人对企业发展没有好处。成绩是一点一滴积累起来的，只有从基础工作做起，一步一个脚印，才能获得成功。企业要的是有务实精神的人，会脚踏实地去做事情。这样的人才是企业需要的，能促进企业的发展。

再次，要有良好的团队精神

现在有很多人缺乏团队精神，最典型的表现是自私自利，做事以自我为中心，不屑于与别人合作，甚至为了一己私利会干出有损于团队的事情。这样的人即使有较强的能力，也很难为团队创造出绩效。企业在选人的时候要选有良好团队精神的人，这样的人乐于奉献，处处为团队考虑，为公司利益考虑，能极大地促进企业的发展。

⊠ 发现挖掘有梦想的实力派

腾讯企业文化与员工关系部的副总监张铁军认为，企业首先要让员工意识到自己的职责、责任，认识到企业不是享受安逸、消磨意志的地方，不是让员工找个安乐区舒服度日的地方，而是一个由职业化员工构成的一个大家庭，这样的家庭是能让人成长的。在招聘的策略方面，校招的宣传导向有了明显改变，以前是对学生讲公司的家文化，如好福利、好待遇。现在在校招时首先会明确地告诉候选者，腾讯要招的是"有梦想的实力派"。

团队需要有潜力的员工，知识经济时代要以人才制胜。考核现代 HR（人力资源）业绩的一项标准就是发掘有潜力的员工、培养优秀者、创造高绩效的工作环境。发掘有潜力的员工是促进公司发展的智力资本。潜力是什么呢？"德才兼备、专注好学"的员工就是团队寻找的"潜力股"。在人才选拔与任用的实践中，不仅要重能力，更要重潜力、人品。胜任目前岗位工作的基本能力是必需的，但只有品德优良、有潜力的人才能得到足够的发展空间。

什么样的人是有潜力的人呢？有潜力的人一定是视野广阔、心态积极、专注好学的员工。如果说事业心是成长的动力，那么专注好学就是员工成长的助推剂。员工只有花精力去钻研和学习工作领域的知识，花精力去改善工作领域的绩效，才能为企业创造价值，企业也能把自身的发展托付给这些人。"德才兼备、专注好学"，实际上指的就是人才的两个方面，即品德素质和专业能力。有潜力的人才，一定会在这两方面表现出过人之处。

刚毕业的小李本想到大企业去做机械设计，可最终进了一家工厂做技术维护。工作很闲，价值不大，他干得很郁闷。两个月后，公司因为发展的需要，从国外购进了5台工业用的大车，由小李负责技术维护。可是不到半年时间，这5台车就坏了，怎么也开动不了。小李和技术组一同寻找原因，同时也联系了生产该车的外国技术专家。

外国专家前来简单地看了一下大车的情况，马上得出结论：故障是因为工人操作不当引起的，生产方没有责任。但是小李认为，工人完全是按照说明书来进行规范操作的，并没有不当之处。于是，他向外国专家提出了自己的看法，但是几个外国专家坚持说是工厂工人的责任。

这让工厂的领导很为难，如果承认是工人操作不当引起的故障，那么厂家就不负责维修，5台车的维修费用要自己掏，算下来怎么也得100多万元。可是如果不承认，工厂的技术人员不精通这方面的技术，又提不出有力的证据。就在领导准备咬牙承担这笔巨大的损失时，小李却拦住了领导，他给领导立下"军令状"，一定给工厂拿出证据。

随后，他带领几个技术工人，在车上一待就是几天，用各种检测工具从头开始，一点一点地检查线路。就在第四天早上，小李在一组线路中发现了问题，这组线路存在的问题足以证明这5台车在生产设计时就存在着严重的问题。当小李把这组数据放在外国专家面前时，趾高气扬的外国专家顿时说不出话来。最后，维修费用由生产厂家全部承担。

小李为公司立下了大功，领导马上提升他为技术总监。小李也在这份原本不被自己重视的工作中获得了成就感。

小李身上体现出了现代企业最重视的素质：专注好学。具备良好的道德素质的学习型人才就是企业在寻找的"潜力股"。学习能力是企业十分看重的一点，只有不断学习，才能适应不断变化的岗位要求，才能在学习中不断提升自身的能力，从而实现个人与企业的共赢。

作为团队领导者，领导一定要善于从品德素质和专业能力这两个角度发现公司的未来"潜力股"，尤其是要关注那些爱学习、热衷进取的员工，他们今天的学习就是明天成为专家的资本。找到公司的"潜力股"，才能使企业源源不断地得到优秀人才贡献出来的力量。

寻找将才，就找心理素质过硬的

马化腾是一个有德行的企业家，但打开网页，仍然能看到很多骂声。面对别人的攻击，马化腾没有暴跳如雷；互联网市场竞争激烈，企业陷入危机时，马化腾在员工面前没有慌张，而是沉着应对。情绪会传染，领导者的不良情绪会影响到下面的员工，而员工的情绪会影响到整个团队。所以，心理素质不管是对领导者还是对员工来说都很重要。试想，作为一个团队的领导，一旦遇到障碍和困难，他比下属更容易放弃，这样的团队怎能取得成功？或者一旦遇到危险，他比下属更加胆怯，这样的团队怎能担当大任？因此，寻找将才，一定要找心理素质过硬的人。

有一次，松下电器公司招聘一批基层管理人员，采取笔试与面试相结合的方法。公司计划招聘10人，报考的却有几百人。经过一周的考试和面试之后，通过电子计算机计分选出了10位佼佼者。当松下幸之助一个个过目录取名单时，发现有一位成绩特别出色、面试时曾给他留下深刻印象的年轻人未在10人之列。这位青年叫神田三郎。

于是，松下幸之助当即叫人复查考试情况。结果发现，神田三郎的综合成绩名列第二，只因电子计算机出了故障，把分数和名次排错了，导致神田三郎落选。松下立即吩咐纠正错误，给神田三郎补发录用通知书。第二天，公司派人转告松下一个惊人的消息：神田三郎因没有被录取而跳楼自杀了。录用通知书送到时，他已经死了。

听到这一消息，松下沉默了好长一段时间。一位助手在一旁自言自语道："多可惜，这么一位有才干的青年，我们没有录取他。"

"不，"松下摇摇头说，"幸亏我们公司没有录用他。意志如此不坚强的人是干不成大事的。"松下的意思是说，连这种小小的挫折也承受不起的人，是无法成就大事业的。

松下这话是有感而发。让我们回过头来看一看松下幸之助当年是怎样求职的，也许就更能明白松下的意思了。

松下年轻时家庭生活贫困，必须靠他一人来养家糊口。有一次，瘦弱矮小的松下到一家电器工厂去求职。他走进这家工厂的人事部，向一位负责人说明了来意，请求其给自己安排一个哪怕是最低下的工作。

这位负责人看到松下衣着肮脏，又瘦又小，觉得很不理想，但又不能直说，于是就找了一个理由："我们现在暂时不缺人，你一个月后再来看看吧。"

这本来是个托词，但没想到一个月后松下真的来了，那位负责人又推托说此刻有事，过几天再说吧。隔了几天松下又来了。如此反复多次，这位负责人干脆说出了真正的理由："你这样脏兮兮的是进不了我们工厂的。"

于是，松下幸之助回去借了一些钱，买了一件整齐的衣服穿上又去了那家工厂。这人一看实在没有办法，便告诉松下："关于电器方面的知识你知道得太少了，我们不能要你。"两个月后，松下幸之助再次来到这家企业，说："我已经学了不少有关电器方面的知识，您看我哪方面还有差距，我一项项来弥补。"

这位人事主管盯着他看了半天才说："我真佩服你的耐心和韧性。"最终，松下幸之助的毅力打动了主管，他终于进了那家工厂。

虽然几次三番地被拒绝，但松下以其坚韧不拔的毅力坚持了下来。也正是凭着这种永不言败的积极心志，他打造了一个庞大的松下王国。一般而言，领导者需要具备以下几种心理素质：

处变不惊的应变力。未来是未知的，领导者要能坦然地面对充满各种变化的未来。

情绪的自我掌控及调节能力。无论何时、何地、何事，都能保持积极的情绪和冷静的态度。

领导者任何时候都不能丧失热情。

积极进取、永不言败的良好心态。遇到困难，遇到任何挫折都不能轻言放弃。

将团队变成狮子群

⊠ 十年树木，百年树人

"十年树木，百年树人"。马化腾特别注重人才的培养。为了培养高素质的人才，马化腾想了很多办法。例如，与大学携手培养人才，为老员工提供更多的培养机制，建立更多的职业发展通道，创建腾讯研究院、腾讯学院，等等。这样做的目的就是希望能够在内部培养更多的人才。

在众多的人才培养模式下，腾讯的确培养了一批人才。在腾讯，80%的中层干部来自于内部培养。高层领导中有1/3以上是内部培养出来的。同时，通过人才培养机制，腾讯员工的个人素质也得到了很大提高。通过内部培养，腾讯已经组建了庞大的人才队伍，这支队伍为腾讯的发展发挥了重要的作用。

与大学联手培养人才是腾讯的人才培养模式中颇具特色的方式。为了与大学联手培养人才，腾讯与国内的17所高校创建了"腾讯创新俱乐部"。腾讯创新俱乐部是以互联网产品创新为核心内容的高校学生社团。它通过提供一系列社会实践机会，来提升学生的技术能力和综合素质，同时帮助他们与未来的职业发展相接轨。高校是人才的集散地，在高校创建腾讯创新俱乐部，无疑能够培养出优秀的人才。

除了创建腾讯创新俱乐部外，腾讯还成功地举办了几届"腾讯校园之星"大赛。通过这两大校园活动，腾讯不但搜索到了高校的精英，更对校园精英进行了培训。在此之后，腾讯与各大高校紧密地开展了相关的合作，启动了校企合作开放平台。在这个平台上，腾讯成立了联合实验室承担国家重大战略课题研究、与高校联合培养人才、提供专项科研扶持基金、设立了奖学金奖励创新人才，等等。

除了与大学合作培养人才外，腾讯还通过创建腾讯学院来培养人才。腾讯学院成立于2007年，是一所企业大学。腾讯学院创办的初衷是建立企业内部培训系统，为腾讯公司内部培养人才。同时，腾讯期望通过腾讯学院把员工培训提升到人才发展的高度，回归企业人才培养的终极目的。

由此，我们不难发现腾讯对人才培养的重视。马化腾除了腾讯的CEO这个身份外，还是腾讯人力资源管理执行委员会负责人。马化腾十分重视内部人才的培养，特别是对高级人才的培养。为了更好地培养高级人才，腾讯独创"辅导年"。所谓的"辅导年"，就是指各层级的领导运用人力资源团队开发的标准化工具和流程，对下属员工的业绩和发展提供教练服务。为了达到更好的效果，腾讯还专门设计了高层论坛，定制了辅导课，目的是让公司创始人和高层能够为下级现身说法做辅导，以此来提高人才培养的效率。

现在，很多企业存在人才紧缺、结构性矛盾突出、创新能力不足等问题，这就会削减企业的竞争力。企业只有加快速度培养一批高技能人才，挖掘企业内部的人力资源潜力，才能为企业的快速发展提供坚实的人才支撑，增强企业的竞争能力。

⊠ 在打磨中成器，在培训中腾飞

为了更好地促进公司发展，腾讯的人力资源管理部门制定了文化变革的战略目标，由 COE（企业文化与员工关系部）承接该战略目标并设计目标落地执行的方案。文化的落脚点是员工的思维习惯和行为习惯。

腾讯的员工培训非常有针对性，针对基层、中层和高层干部的后备培养，腾讯有不同的计划。中层干部后备计划叫"飞龙计划"。组织中层干部走出去与行业内最优秀企业进行交流，将公司在战略、产品和管理方面最需要解决的课题交给他们，并为这些人配备了优秀导师。每个项目的完成情况需要定期汇报，总裁参与听取。基层干部后备计划叫"潜龙计划"。高层后备干部也有专门的培养计划。每到年底，公司会做全体干部的盘点，根据情况制定改进计划。此外，腾讯学院还推出了"新攀登计划"，是针对专业技术人员晋升专家的后备培养计划，与管理人才培养形成双通道。腾讯还有"产品领军人物培养计划"。从青葱"小白"到"新攀登计划"中的腾讯达人，再到提升领导力的"育龙""潜龙""飞龙"计划，腾讯学院为腾讯员工提供了近 300 门面授通用课程和专业能力课程，内容包含了职场各个阶段的能力提升内容。

在日本的企业里，当有新的工作需要时，一般是重新培训现有的员工，通过内部调节来满足需求。日本企业认为，对已具备本企业工作所需的知识和技能的员工进行培训，让其学习某项技能，会比让一个具备某项技能的外来人重新学习和掌握本企业的知识和技能来得更快、更合算。在日本企业中，外部招聘来的管理人员或专业人员，无论其能力多强，均需在企业工作相当长一段时间后才能熟悉企业内部的制度和体系，才有可能得到提拔。他们认为，只有通过培训，员工才能彻底地融入到公司里去。

与日本企业同样看重培训的惠普公司认为员工培训是投入产出比最高的投资。惠普培训过程由"硬"到"软"，不断深化。先是从业务知识开始培训，然后逐步递进到对沟通技巧、文化、思维等方面的培训。这种培训思路体现出惠普在培养人才方面的一种理念——打造全方位人才。惠普的领导者认为，拥有高素质人才才是企业腾飞的基础。

员工进入惠普，一般要经历四个自我成长的阶段。第一个阶段是自我约束阶段，不做不该做的事，强化职业道德；然后进入第二个阶段，即自我管理阶段，做好本职工作，加强专业技能；进入第三阶段，自我激励，不仅做好自己的工作，而且要思考如何为团队作出更大的贡献，思考的立足点要从自己转移到整个团队；最后一个阶段是自我学习阶段，学海无涯，随时随地都能找到学习的机会。正是由于员工的不断成长，惠普才能在市场上屹立不倒。

"欲致鱼者，先通谷；欲求鸟者，先树木。水积而鱼聚，木茂而鸟集。"企业要壮大人才队伍，必须舍得投入。

对员工进行培训，可以防止员工的知识老化、能力退化、观念僵化，也可以使员工不断更新观念，有效提高团队的创新能力。培训是最好的投资，也是送给员工最好的礼物。

▨ 管理干部，管理的重中之重

在互联网时代，在企业之间的竞争中人的作用是非常大的，而管理人员的作用则更为强大。他们是企业的领头羊，只有他们有激情、好学、开放，整个企业才能充满激情地向前走。在马化腾看来，管理人员要"饥渴"。

在马化腾看来，要想让管理人员发挥重要作用，最重要的是要让管理人员把公司的事当成是自己的事，要有使命感。很多管理人员，由于加入公司的时间长了，变得非常疲惫，丧失了工作的积极性。马化腾认为，这样的管理人员应该主动地把位置让给下一代管理干部。

马化腾希望腾讯的管理人员敢闯敢做。腾讯会给这些管理人员充足的资源，让他们发挥积极的作用。马化腾把管理人员当成腾讯管理的重中之重，他立志于加强企业中层的整体水平，也体现了马化腾"以激情、好学、开放的态度和行动，培养人才，创造用户价值"的企业经营理念。腾讯拥有2万多名员工，要带领这2万多名员工激情满怀地前进，就需要管理人员发挥模范带头作用，需要管理人员摒弃负能量，增加正能量，勇于拼搏，努力奋斗。管理人员做到了这一点，就激活了公司的能量。管理干部在企业中是公司和员工之间的枢纽，要积极地展开双向沟通，发现和培养人才。

管理人员要发挥正能量，具体来说要做到以下五点。

管理人员要以身作则。

管理人员自身的表现每时每刻都会对员工产生影响，如果他的表现十分突出，那么员工的表现也会越来越好。因此，管理人员要竭力成为员工的表率。管理人员的不当举止会对下属产生错误的引导。如何避免这种错误引导的发生？这就需要管理人员严于律己。严于律己是律人的前提，只有做好自我管理才能要求下属去执行。优秀的管理人员应该严格要求自己，起到为人表率的作用，用实际行动来影响和带动身边的人一道去努力工作。

如果想知道一家企业的员工整体素质如何，只需要了解其中的管理人员素质就可以了。每个管理者都是下属关注的焦点，也是员工积极模仿的对象。管理人员有什么样的行为、举动，都会直接影响到员工。所以，假如你想让你的员工严格要求自己，你就必须先严格要求你自己。

管理人员要一马当先。

管理人员必须为成败负责，应担负起消除借口、缔造积极的团队文化的责任。无论什么时候，管理人员不可有推脱的念头，必须集中精力寻找解决方案，并且要一马当先。管理人员要认识到一马当先的重要性，如此才能在实际工作中勇于担当，为员工做出表率。

当然，作为一个公司的高层管理人员，不需要、也不可能事必躬亲，但一定要勇于负责。著名企业家李嘉诚在汕头大学的一次演讲中谈到："想当好的领导者……了解自己要成为什么模样是建立尊严的基础。"管理者在某些地方做出榜样，使员工有效法的样本，会形成一种威慑力，使每个员工都不敢马虎，无法搪塞、推脱责任。只有这样，企业的执行力才会越来越强，发展也越来越快。

管理人员要敢于承担责任。

管理人员一定要敢于担当。犯错和失职并不可怕，可怕的是否认和掩饰错误。勇于承担责任的管理人员，会让员工觉得他是一位心胸坦荡、有责任心的人。因为责任而树立起的威信更能让员工信服，从而赢得员工的尊重和支持，否认和掩饰只会一错再错，失去员工的信任。

管理人员能否主动承担责任，关系到他个人的威望。主动承担责任的领导，会让人们看到他的高风亮节与光明磊落，让上司更器重，让下属更敬佩，不仅丝毫无损威望，反而会大大增进。

要善于用人，并不断培养出优秀员工。

企业发展的关键靠人才，人才不是天生的，而是培养出来的。发现积极向上、态度认真，又有一定能力的员工，可以逐步从基层培养，让其成长为企业所需的人才。管理人员作为企业的中坚力量，应该担负起为企业培养人才的重担，让更多的人才在企业经营的过程中涌现出来，为企业的发展不断添加新力量。

管理人员要促进下属的互补合作。

许多管理人员总是抱怨自己的手下有才能的人太少，恨不得自己的每个下属都变成无所不知的全才。显然，这种想法是不切实际的。其实每个人都有长处，只要管理人员能够了解其长处并将其放在合适的位置上，每个人都是人才。

对于管理人员来说，组织是由各色各样的人组成的，每个人都有自己的看家本领和长处。身为管理人员，就要做到对下属的能力了如指掌，合理安排岗位，使员工的内在的潜力得到充分的发挥。唯有如此，团队的工作才能取得成效。

▨ 培养员工有别于对手的独特能力

在腾讯，由COE（企业文化与员工关系部）承接人力资源管理战略，制定出强化沟通、加强员工对公司的信任度和认同感的部门战略。在战略的落地规划阶段，COE在仔细分析用户价值的基础上，进行了三个层次的强化沟通体系的架构。

第一，高层思想，通过有效的高层交流活动，让员工充分了解公司战略和管理意图。第二，中层话语，通过部门业务及战略沟通，让所属员工充分知晓信息，认同决策，知道业务方向。第三，员工参与，通过营造透明的氛围、运营沟通平台，使员工敢说话，有效传递员工声音，使其得到及时反馈和帮助，提升员工的参与感与主人翁意识。

在互联网公司开展工作时，产品和服务要具备好玩的属性，有趣、好玩，员工的参与度才会高。COE在选取沟通渠道时，也会充分考虑这一点。这就要求COE的成员不断充电，跟紧潮流，不断地占领新的传播渠道。

腾讯注重内部沟通，注重团队领导和成员能力的提升。在马化腾看来，让员工具备能力，尤其是区别于对手的独特能力，企业才能成功。作为团队领导者，注重培养下属的能力是一项基本的、重要的工作。团队领导者最为重要的职责就是要将下属训练成狮子，将团队变成狮子群，而不需要将自己变成狮子。有这样一个案例：

某航空公司承接了一份短程往返航班的分包合同，就是把乘客从主航线机场运送到地区内的其他小机场。执行这份合同对于这家航空公司来说并不是什么难事，它有足够的实力完成得很出色。但是，结果却事与愿违。

尽管这家分包公司的员工懂礼貌、勤奋，工作效率也很高，但是自从该航班开始运行后，从来不能按时到达，更糟的是不断地取消航班，使得乘客总是迟到数小时，有时甚至迟到一天，经常耽误乘客的重要活动和会议。这导致了乘客的怨言很大，越来越多人放弃乘坐，改换其他方式。最后，由于运营效益太差，短程往返航班服务合同被上级合作单位收回，公司随之倒闭。

作为服务型企业，航空公司的员工素质和工作能力决定着企业的生死。后来，这家公司的老板在反省经营问题时，他把"没有注重员工能力的培养"当作失败的第一大原因。

从这个案例中我们得到的警示是，员工能力差会危及整个公司满足顾客需要的能力，从而使企业失去生存的条件和基础。作为团队领导者，有责任不断地增强员工的工作能力。这是企业成功运营的基础。

腾讯学院在"飞龙计划"的课程设计上非常注重目标导向，每一个环节都有清晰的设计与规划。

"飞龙计划"的第一次集中模块学习是以帮助学员全面地认识自己，提升战略决策、前瞻视野和商业意识等素质为目标。第二次集中模块学习，则是以加深学员的团队管理、变革管理能力为目标。第三次集中模块学习，是以提升产品能力、拓展视野为目标。

人是成事之基，只有当员工的能力提升了，才能更好地为公司出力。现在有些企业经营者只懂管人不懂培训，其实，如果管理只是单纯地管人，就算你费尽心思、绞尽脑汁，也不可能把人管好。只有把下属培养成干将，才能把企业做强做大。

只有短视的企业家才将促进员工成长当作公司最大的浪费，那些目光长远的企业家总是能够在员工的能力成长上获得丰厚回报。虽然企业可能会成为一所临时学校，员工流失率非常高，但培养新员工的职业技能，使员工更具竞争力，是企业获得高速发展的不二选择。

第五章 全面出击，决胜互联网之巅

不前进，就淘汰

❌ 失去警惕、进取心，企业就会被湮灭

市场是无情的，落后的企业或者产品只能是被取代。在这个日新月异、所有人都快速奔跑的时代，不前进的话很快就会被淘汰，只有不断革新才能活下来。

马化腾深知这一点，所以才有了连菜场大妈都在使用的微信、微信支付、"微信沃卡"。对微信支付我们都不陌生，但对"微信沃卡"还不熟悉。"微信沃卡"其实就是一张电话卡，与普通电话卡不同的是，这张电话卡除了可以打电话、发信息、上网、聊天外，还可以使用更多的微信特权，可享受获赠更多的流量、挑选超级靓号等服务。"微信沃卡"是一种创新，这种创新是基础3G套餐与微信特权叠加的新组合。在国外，已经有了电商运营商与微信这样的OTT服务商合作推出定制服务的先例。但是，腾讯这次与中国联通的合作在国内是首例，是腾讯自主创新的体现。

"微信沃卡"主要面对两类用户：第一类就是沃派36元校园套餐用户，这类套餐里含有500M的流量，这些流量不仅包含了微信流量，同时还包含了手机QQ等十余款应用的流量；第二类是新入网66元及以上的套餐用户，这类用户除了享有语音流量短信等功能外，还可以叠加群组特权、表情特权、支付特权、流量特权和游戏等五大特权。除此之外，微信与联通还会在流量套餐、专版专属服务、拨号优惠等方面展开合作。在"微信沃卡"上，除了微信外，还同时内置腾讯在线游戏、音乐、视频等腾讯应用，并且流量是免费的，套餐同时还具备腾讯"微支付"功能，支持更多微信表情。

2013年8月8日，"微信沃卡"在易迅网上被正式被推出，主要面向号

段为 185、186 号段的年轻用户，首销价格最低售价仅为 38 元，而在 8 月 5 日的首日预售就突破了 70 万。

我们不难发现，是腾讯的进取精神促进了"微信沃卡"的成功。对于这次创造性的产品打造，马化腾予以深切的期待，正如他在"微信沃卡"发行前一周所说："再过一周，微信与联通联合推出的'微信沃卡'就要在易迅上市销售了，我感到兴奋也充满期待，有了'微信沃卡'，用户不但可以省去微信流量使用上的后顾之忧，还可以获得很多特权。可以真正享受数字生活，真正得到实惠，可以说这是互联网企业与运营商的一次完美结合。"

马化腾告诉企业经营者，企业在任何时刻都不能失去警惕意识，要具备进取精神。有些企业因为产品的陈旧而湮灭在市场的潮流中，最主要就是因为企业没有持续创新进取的精神。

苹果公司是最重视创新的企业。"创新"两个字也是许多人对苹果公司的共同认识。波士顿咨询服务公司调查了全球各行业的 940 名高管，其中有 25% 的人认为苹果是全球最具创新精神的企业。美国《商业周刊》杂志评选出的 2007 年度最具创新能力企业中，苹果众望所归地获得了全球第一。

苹果高效的创新精神从何而来？ 1997 年，当苹果公司的创始人乔布斯重返苹果时，他的任务就是为这个问题找到答案。乔布斯认为，无论新的建议和创新性想法听起来多么幼稚和可笑，管理者都应给予重视。创新的活动一旦开始，管理者要最大限度地保证创新效率。

为了促进更多创新行为的发生，乔布斯进行了人才机制的改革，并进行了其他方面的调整。例如，他削减了产品线，把正在开发的 15 种产品缩减为 4 种，还裁掉了一部分人员，节省了公司的运行成本。乔布斯为苹果重新梳理了管理制度，将管理的核心调整到促进创新上。他本人不仅表现出高效的创新思维能力，还亲身参与到创新实践的各个环节中去。他的这种行为不仅使下属看到管理层对创新的投入和决心，而且在促进员工创新上作出了表率。

在乔布斯回归之前，苹果一直陷在停滞不前的泥潭中。管理专家研究苹果公司的历史后发现，离开了乔布斯的苹果和乔布斯主持下的苹果，两相对比，由于创新而取得的效益差别极其明显。他们把苹果公司持续创新的动力归结于乔布斯不遗余力建设起来的、把促进创新当成重要使命的管理机制。

从乔布斯身上可以看出，管理者如果不能为企业注入进取创新的精神，企业将不会有任何建树。这也是马化腾的企业经营理念，在市场发展过程中，哪些公司成为行业佼佼者，哪些公司将消失，这是无法预料的。即使是管理专家，也很难作出正确的判断。要想让企业在竞争中取胜，或者是在领先的位置上待得久一些，就必须懂得进取向前。

在激烈的市场竞争中，要么革新，不断地再创造；要么停滞不前，走向破产。所以，要想不被取代，就要不断进取，不断提升自己的竞争力。

⊠ 放眼未来，保持主动求变的决心

在谈到 2017 年腾讯的小程序开发时，马化腾说："腾讯的小程序开发也是着眼于未来，因为以后的计算环境肯定不会在浏览器上、在手机 App 上，而会在一个流动的、动态的代码上。"

马化腾说，如果腾讯只是和过去一样做纯软件、纯服务，那未来在一些领域可能就会失去制高点。所以，即使不生产硬件，腾讯也要关注硬件是怎么变化的，以及谁可以在硬件方面和自己成为合作伙伴。

在竞争日益激烈的互联网时代，企业不懂得求变最终给企业带来的只能是灭亡。在变革来临的时候，企业要做的就是主动求变。按照马化腾的看法就是，主动变化能力比应变能力更重要。

在马化腾看来，互联网的生态瞬息万变，大多数人认为应变能力非常重要，但是更重要的是主动应变的能力。马化腾为什么会这么说呢？因为企业经营者如果可以更早地预见问题、主动变化，就不会在市场竞争中陷于被动。马化腾还认为，企业在各个方面保持灵活性非常关键，生态型企业里面主动变化是常态。对于互联网企业及其产品服务来说，如果难以保持敏感的触角、灵活的身段，就会得大企业病。大企业病对企业发展来说是有百害而无一利的，这种状态下的企业不能做到灵活应变。

在互联网时代，面对日益激烈的市场竞争，腾讯不断地主动变化，是腾讯能够取得成功的重要原因之一。腾讯入股搜狗就是主动变化的重要表现。

2013年9月16日，搜狐、搜狗、腾讯共同宣布达成战略合作。腾讯向搜狗注资4.48亿美元，并将旗下的腾讯搜搜业务和其他相关资产并入搜狗，这次交易腾讯持股比例达到40%左右。

由于这次合作的保密工作到位，连绝大部分的腾讯管理层及员工在事前都不知道。这次合作让腾讯搜搜度假归来的员工，一夜成为搜狗的人。这次事件让许多员工内心感到不平。马化腾试图疏通部分员工的不平想法，还为此专门写了一封内部邮件。

"对于搜狗的战略投资与合作，表明腾讯愿意以更加开放和积极的心态来与业界优秀团队一起建设互联网产业生态，为用户提供更好的产品。这一战略投资，也代表了腾讯对搜索业务继续加大投入的决心。搜搜团队在过去数年不懈拼搏，开发出自主引擎，在无线搜索市场创造了相当高的市场份额。尤其在2012年'518'重组后，搜搜在技术水平和产品质量上的提升非常明显。正是因为搜搜团队卓有成效的努力，才坚定了我们继续加大投入，果断寻求变局的决心。

……

互联网人需要梦想，为更多用户不断地提供最好的服务就是我们最大的梦想，也是激励所有腾讯人向前的不息动力。无论是QQ、微信、游戏、门户、Q-zone、电商……还是腾讯所有其他业务，腾讯人都希望围绕着这个梦想竭尽我们的努力，当然，这个梦想的拼图里不能缺少搜索！为此，我们一直在通过自营、战略投资、开放平台、深度合作等各种方式，以求为用户，为行业做到最好。15岁的腾讯，有理由继续心怀梦想、挥洒青春，To be the best(做到最好)！"

这次合作体现了马化腾强调的主动变化比应变能力更重要的理念，在他看来，动荡的年代就要有主动求变的决心。"在这个动荡的行业里，我们一定要主动求变、主动应招，有问题尽快解决，拖3个月、半年、1年，慢慢就会积重难返，谁也救不了。"

俗话说"以不变应万变"，然而在当今激烈的市场竞争面前，这种思维已经不再适应企业的发展了。不懂得主动求变的企业，定然会给企业的发展带来阻碍。诺基亚就是最典型的代表。

诺基亚曾经占据了手机市场的大半江山，在成功之前及成功之初，它的竞争对手一直不少，有黑莓、索尼爱立信、夏普、三星、摩托罗拉、多普达等。这些手机都是功能性手机，而非智能手机。作为功能机之王的诺基亚具备强大的竞争力，从众多效仿者中脱颖而出。诺基亚每年开发数十甚至数百款手机，使众多的竞争对手无法与其抗衡。

然而，随着市场的发展，曾经是手机行业霸主的诺基亚，却在智能手机时代节节败退。究其原因，是因为诺基亚对技术创新不够重视，没有做到主动求变。诺基亚没有芯片设计能力，在手机处理器性能上整整比竞争对手落后了1—2代。同时，在大多数手机都借助安卓平台发展的时候，诺基亚却置之不理，等回过味来想借助塞班和QT平台起势却接连失败。如今的诺基亚在智能手机市场，不仅难以与三星、苹果iPhone等一流手机相媲美，甚至在低端手机市场，都难以与国产手机竞争。

是什么让诺基亚在竞争中落败？是因为它没有做到主动求变，在变革来临的时候，没有积极去拥抱变革。为什么要主动求变？在马化腾看来，是时代的需求，是行业的需求，正如他所说："既幸运又不幸，我们生存在一个快速变化的行业。"在这样一个既幸运又不幸的时代，就要主动求变，就要拥抱变革。

腾讯时刻都在寻求变革，拥抱变化。2012年，移动互联网浪潮猛烈来袭，虽然当时的腾讯已经做好了准备，但是还是被打乱了节奏，不得不很快地作出调整。之后，腾讯做了自成立以来最大的组织变革，打散了过去的业务系统制，把它变成事业群、事业群制。这种变革是很困难的，马化腾自己都承认"中间的变化很艰辛，需要大量的协调"。虽然艰辛，但是变革是成功的，仅用了半年时间，这种变革就成功了。

在每一个发展的节点，腾讯都在主动求新求变，而不是被动地应变。这给很多互联网企业提供了发展的经验。在每次变革到来之际，都要积极求变，勇于变革。否则，在发展的过程中就很容易处于被动的地位，甚至被竞争的洪流淹没。

⊠ 微信是竞争出来的

互联网时代，企业与企业之间的竞争愈演愈烈，各大企业之间展开了殊死搏斗，为的是取得较大的市场份额。面对这样惨烈的竞争，很多企业经营者往往会表现得诚惶诚恐，有的企业经营者则用极端的心态来应对竞争。然而，在马化腾看来，这样的心态是不正确的，在竞争面前，企业经营者要以平常心来对待，要把竞争当成好事。马化腾的这一态度是从微信与"来往"的竞争中获得的。

2013年9月23日，阿里巴巴正式发布移动好友互动平台"来往"。来往的定位是建立一个熟人之间沟通、交流、分享的社交平台，除了语音、文字等基本的通信功能之外，还支持500人的聊天大群、有声图片以及可以让使用者在阅读后将私密对话抹掉的"阅后即焚"功能。

这一平台的推出，无疑与微信形成了竞争，马云推出来往的目的就是要在移动应用市场上分一杯羹。为此，马云还退出了微信，并在其账号上发布了一条消息："微信的大姑大姐兄弟二叔三伯六姨太们：我和微信的缘分尽了。再过3天我就要关掉账户了。感谢微信哥哥给了我那么多的快乐和灵感。但为了我们家的孩子'来往'，我不得不去喂奶。我知道那么多人和我说了这孩子没有特色，出生时间也不对，养不大，即使养大了也不可能会有微信哥哥那么有出息：我们知道了，也听见了。我们不期待这孩子会有微信那么有出息，但我们期待这孩子更有志气，有个性，好学习。他今天和哥哥比有差距，但他不是要超越哥哥，而是要做出自己的未来。我们相信这世界不仅仅需要一个孩子，因为独生子女带来的麻烦我们都知道。"

阿里巴巴推出来往之后，就注定了会与微信有一场激烈的竞争。事实也是如此，2013年10月30日，阿里巴巴宣布在手机上使用来往的用户可以获得每月2G的免费流量包。在外界看来，阿里巴巴的这一举动被视为向微信的宣战。11月，来往继续发力，推出邀请好友注册即可获得2元现金红包的活动。该活动需要使用最新版本来往 APP，并且需要绑定手机号，活动链接可分享至微信、新浪微博、朋友圈、QQ 空间中。

面对来往咄咄逼人的气势，微信进行了还击，微信把用于发放红包的共享链接进行封杀。至此，来往与微信之间的竞争达到白热化的程度，阿里巴巴对腾讯的这一做法表示愤怒。微信方也给出了回应，说是来往通过发布疑似钓鱼特征的链接触发了微信后台的自动保护机制，并不是故意为之，同时还对阿里喊话："切勿自作聪明，无端制造'事件'。好产品是做出来的，不是炒作出来的。"

在微信屏蔽来往链接事件之后，马化腾与马云在复旦大学参加众安在线财产保险有限公司的启动仪式。在仪式上，当谈到微信与来往之争时，马化腾提出了"有竞争是好事"的观点，并且坦言："我们一直抱着平常心来看待竞争，竞争是好事情，的确可以促进用户体验，促进整个行业的进步。所以我们欢迎竞争，竞争的结果一定是大家找到各自不同的位置，就好像当年 QQ 和旺旺的竞争，最后大家也找到了各自的位置。"

我们不难看出马化腾对于来往与微信之争的态度。竞争对于马化腾来说不过是一件平常的事，一件好事，它可以带来产品的不断完善和发展。也正如马云针对这次竞争所说："只有互相挑战，社会才进步。有一个我们（来往）或许成不了大器，但至少逼着微信不停创新。"

事实正是如此，竞争带来的是创新，是发展。这一点在阿里巴巴与小米的竞争上也得到了体现。

2011 年 7 月 28 日，马云让旗下的阿里云抢先推出云操作系统手机。这款看上去像是模仿诺基亚的手机是阿里巴巴与天语合作制造的。阿里云手机在当时取得了非常好的业绩，在天语官方旗舰店上架 15 分钟便卖了 1000 多台。这让马云暗自欣喜，但是 3 年后，马云再也高兴不起来了。因为几乎就在同时，雷军的小米还在研发样机的阶段就已经吸引了业界和"米粉"们的眼球。2011 年 10 月底，小米手机上市第一个月总共只卖了 1 万台。2013 年，小米总共销售手机 1870 万台。至于阿里云手机的市场份额，几乎已经可以忽略不计。

马云在这边宣布阿里巴巴未来可能要用 10 年的时间开发云概念，雷军那边则揭露其 1000T 存储空间的云手机是噱头。小米的手机爱好者在那里发帖"发烧"，而阿里云的用户也在一边敲边鼓，双方为了手机的性价比争议不断。

尽管第一阶段围绕手机设备性价比的斗争，以雷军的胜利而告终，然而马云并未甘心。在小米手机发布第二款产品后不久，趁着小米在移动互联网生态链上立足未稳、基数少的劣势，阿里巴巴大胆布局，在定位服务、社交网络应用，乃至互联网电视盒子、路由器等方面持续发力。

马云吸取了硬件落败的教训，改而以兼并新浪微博、高德等大批互联网创业企业获取竞争力优势。在不到半年的时间里，阿里巴巴的半壁江山开始变色。相反，雷军在移动互联网上的拓展要缓慢得多。

不论是微信与来往的竞争，还是阿里巴巴与腾讯的竞争。它们都告诉企业经营者这样一个道理：竞争并不是坏事，它带来的是产品的不断发展与完善及企业的不断发展与壮大。企业会因竞争而不断进步，更因竞争而充满活力，企业之间唯有你追我赶，才能激发创造力与创新能力，才能逐步克服自身的缺点，逐步走向完善与壮大。

所以，作为企业经营者，要像马化腾那样以平常的心态看待竞争，把它当成一件好事，一件能够促进自我发展的好事，并且积极参与到竞争中去，在竞争中不断发展自我、完善自我。

▣ 移动互联网时代，重塑带来契机

移动互联网时代的到来，让越来越多的企业经营者看到了希望，他们纷纷发力移动互联网，力求在移动互联网市场上分一杯羹。然而，移动互联网时代带来的更多是各个方面的重组。重塑对企业的发展起到了重要作用。

马化腾也看到了移动互联网时代重塑的力量，他开始在越来越多的公开场合谈论腾讯的移动战略，我们也看到了马化腾要重塑一个腾讯的决心。虽然腾讯一直强调"模仿就是最好的创新"，但一直都难逃外界对其"抄袭"的质疑。马化腾深知，要摆脱这种质疑，就只有重塑自己。移动互联网时代的到来，使腾讯有了重塑的契机，这也是马化腾倍加重视移动战略的重要原因。

腾讯从推出即时通信业务时起，"抄袭"一词就经常伴其左右，外界对腾讯"抄袭"的质疑就从来没有停止过。然而，在马化腾看来，这并不是"抄袭"，而是模仿基础上的创新。然而，互联网市场瞬息万变，任何一个应用或软件，都可能成长为一款具有竞争力的产品。也正是由于这个原因，时刻具有危机意识的马化腾也意识到了危机的存在。所以，在移动互联网到来的当下，马化腾想把腾讯重塑成一家具有创新能力的互联网公司。

腾讯在移动互联网时代对移动战略相当重视，在苹果的应用商店推出了50款针对移动设备的应用就是最好的证明。2012年推出的股票信息软件以及新闻客户端等多款移动应用就是从腾讯的移动战略出发的。然而，这些产品都不是拳头产品，虽然对腾讯的发展起了一定的作用，但是都没有引起强烈的反响。微信的推出，改变了这一局面。

微信是腾讯创新思维下的产物，它打破了传统社交的文字交流，用户可以通过文字和语言进行交流，还可以通过自己的地理位置获取更多的附近用户，增加了用户之间的亲近感。同时，微信还具有系统性，可以将更多的功能沟通起来，然后树立一个数据链进行充分的挖掘。不仅仅如此，微信从诞生之日起，就没有停下过创新的步伐，这种创新建立在满足用户需求的基础上。例如陆续添加对讲、寻找附近的人、摇一摇、视频会话等功能。这些技术每一项都具有创新性。其中最具代表性的创新是微信支付。微信支付不是单纯的支付工具，更多的则是与合作伙伴的融合。微信支付，能够极大地促进O2O交易的完成。

我们不难发现，腾讯在移动互联网战略上作出的巨大努力，然而这仅仅是腾讯在移动互联网时代走出的第一步。马化腾和腾讯要做的不仅是如此，而是要在移动互联网时代重塑一个全新的腾讯。为了重塑一个腾讯，腾讯还在2012年做出了重大组织结构的调整。在不断推出移动互联网产品的同时，还对组织结构进行了调整，充分表现出了马化腾和腾讯进行自我革新的决心，也充分体现了马化腾要重塑一个腾讯的决心。

腾讯在移动战略上的发力，告诉了企业经营者们，企业要时刻保有变革的决心，在旧的模式不能适应企业发展的情况下，要敢于做出改变，要敢于自我重塑。在移动互联网时代，面对风云变幻的局势，互联网企业要敢于自我革新，敢于依靠技术创新打造移动战略，以此来促进自身的发展。这个时代蕴藏着巨大的发展潜力，移动市场的庞大规模就意味着所有公司都必须围绕智能手机来调整经营范围。所以，企业要想在这一时代取得变革性的胜利，就要制定战略来充分利用移动平台独有的特性，为客户提供绝佳的使用体验。在更多时候，这种战略必须是具有颠覆性的，这样才能重塑企业。

三思而行，抓住发展的命门

⊠ 头脑发热的人做不了企业

做企业不是一件简单的事情。头脑发热，想到了就做决策，容易出现问题。有人好奇，腾讯几乎做什么就做成什么，这是怎么做到的？

对此，马化腾的"三问"哲学给了我们很好的答案。马化腾在创办和经营腾讯的时候，不会轻易地做决定，在做决定之前总是小心翼翼地问自己三个问题，正是有了这"三问"的经营哲学理念，腾讯在发展的过程中很少走弯路。那么，马化腾的三个问题到底是哪三个呢？

第一问：这个新的领域，你是不是擅长？

对于企业经营者而言，不管是在创业的过程中，还是在经营企业的过程中，应该把主要精力放在自己的优势上，而不是花费精力来补自己的短板。对于企业不太擅长的领域，尽量避免花力气，因为要从"不太胜任"进步到"马马虎虎"，其中所花费的力气和功夫是非常大的。

马化腾深知这一点，他从事的就是自己最擅长的事情。因为擅长计算机技术，所以马化腾创建了腾讯，并专注于技术开发和质量提升，在经营腾讯的过程中不断地在自己擅长的领域发力。这就是腾讯能够取得成功的重要原因，也是马化腾能够获得成功的重要原因。

做擅长的事也是许多企业能够取得成功的重要原因。网易公司创始人兼CEO丁磊对此也深有感触，在描述网易的发展模式时，丁磊就讲到了网易只做最擅长的事的策略："我们永远把企业的安全放在第一位，我们不随便做一些不擅长的事情，我们也不会为了多赚钱做一些投机取巧或者急功近利的事情，我们公司有一个技巧就是做自己擅长做的事情，专注在一个领域。"

丁磊的企业经营哲学与马化腾的第一问经营哲学是相同的，他们都强调经营企业要专注于自己最擅长的方面，这给很多创业者和企业经营者提供了创业或者经营企业的经验。在竞争日益激烈的时代，很多创业者喜欢盲目跟风，不管自己在某方面是否擅长，就盲目地去做，最终只能失败。而很多企业经营者在经营企业的时候喜欢走多元化道路，他们都在寻找一些自己并不擅长但景象却很好的行业。然而，依靠这种方式去经营企业是错误的，短期内也许能赚到钱，但是长期发展下来，并不一定能够取得良好的发展。

第二问：如果你不做，用户会损失什么吗？

马化腾的这第二问是在说软件开发的意义在于实用，而不是开发者做想当然的事情。正如马化腾自己所说："其实我只是个很爱网络生活的人，知道网迷最需要什么，所以为自己和他们开发最有用的东西，如此而已。"也就是说企业经营者要立足于为用户创造有用的东西，如此才能得到用户的喜欢，进而促进企业的发展。

腾讯一直都致力于为用户打造有用的产品，而不是盲目追求产品的"炫酷"，QQ满足了用户对聊天的需求，微信则更是迎合了用户的需求。微信支持跨通信运营商、跨操作系统平台通过网络快速发送免费语音短信、视频、图片和文字，同时，也可以使用通过共享流媒体内容的资料和基于位置的社交插件"摇一摇""漂流瓶""朋友圈""公众平台""语音记事本"等服务插件。这些功能对用户来说都是非常实用的，每一项都是为满足用户需求而设定的。如此一款实用性强的软件，自然能够得到用户的喜欢，用户数量已经说明了微信的成功。

腾讯的每一款产品都体现了马化腾强调的为用户需求创造有用产品的经营哲学。如果一家企业把握住了合适的产品方向，就能依靠人口红利快速地积累一定的用户基础。而要做到这一点，就要时刻贴近用户。在这样的时代诉求之下，雷军也深知产品只有贴近用户，才能得到很好的发展。雷军就是用这样的理念创办了小米科技，并将小米手机定位成"小米，为发烧而生"，即小米手机是一款为发烧友而开发的手机。事实证明，雷军的想法是经得起事实验证的，34个小时内预订了30万部小米手机，在2分51秒内5万台小米2手机被抢购一空，20万台小米2S手机在2分钟内售罄。这些数据都是很好的说明。

小米的成功也告诉了企业经营者，进行产品设计的时候不能想当然而为之，产品符合用户需求才是王道。

第三问：如果做了，在这个新的项目中，自己能保持多大的竞争优势？

马化腾的这一问是说，在开发新项目前，要明白自己的竞争优势。这种竞争优势要从技术与资金上综合进行考虑，唯有考虑到这些问题，才能在进行新项目的时候有的放矢。

决策是需要经过冷静思考的，这样才能保证所做的事情获得成功。马化腾对这一企业经营哲学深有感触，为了让刚刚起步的QQ具备竞争优势，腾讯将精力更多地集中在改进QQ功能和开发新版本上，并继续巩固传统网络寻呼系统带来的大量利润，同时也寻找风险投资的支持。这种维护企业竞争优势的做法是正确的，QQ也因此得到了极大的发展。

马化腾的这一企业经营哲学告诉企业经营者，在进行新项目的时候，要对自身的竞争优势进行深入的剖析，充分掌握自己在竞争中的优势与劣势。如果有优势就要下定决心去做；如果存在劣势，就要想办法弥补自己的劣势；当劣势不能被很好地弥补的时候，可以果断放弃。

脑子发热时就做决定的人，做不好企业，只有学习马化腾的这种"三问"哲学，冷静思考，保持严谨、务实的科学态度和工作作风，企业才能取得成功。

◈ 在力所能及的基础上做事

企业在发展的过程中，最重要的是要发展业务，然而业务发展不能盲目求快，需要和自己的能力相匹配，要做自己力所能及的事，不能盲目求快，要保持合理的增长速度，同时，不能盲目求大，要切实做到业务发展与能力相匹配。

对于业务发展要和能力相匹配，马化腾有其深刻的理解。在被问到腾讯每次新业务推出的节奏遵循了怎样的商业逻辑时，马化腾的回答是："其实主要还是看市场和自己的能力的匹配。"就此，我们不难发现，腾讯在发展业务时不会盲目求大、求快，而是要在与能力匹配的基础上展开。事实上也是如此，腾讯每推出一项新业务，都是建立在自己具备推出新业务能力的基础之上的。

腾讯推出门户网站就是建立在其能力基础之上的。在进军门户网站之前，腾讯QQ已经拥有2.26亿注册用户和7100万活跃用户。这为腾讯推出门户网站提供了充足的用户条件。同时，腾讯是依靠计算机技术起家的，在经过长时间的积累后，腾讯已经具备创建门户网站所需要的一切技术优势。所以，虽然腾讯推出门户网站是受搜狐、新浪、网易等的刺激，但腾讯是具备打造门户网站的能力的。这也是腾讯能够不断地取得成功的重要原因。

除了门户网站能够体现腾讯推出业务是建立在与能力相匹配的基础上的，网游的推出也是它这一理念的最好体现。

在推出网游之前，腾讯已经具备了进军网游的有利条件。

首先，腾讯有用户群条件。腾讯是依靠实时通信软件起家的，并且在运营的过程中，已经有了1.6亿的先天用户，其中年轻人占据了这些用户的主体，且年轻人又是网络游戏的主要用户群。这无疑为腾讯上线网络游戏提供了用户群优势。

其次，腾讯具备广告宣传的条件。当时的腾讯在网络广告的销售上已经取得了非常好的成绩，处在前五名的位置，并且它的广告主要面向年轻人，因此在对网络游戏进行宣传的时候就具备了针对性优势。

再次，腾讯具有增值服务的优势。在腾讯推出网游之前已经拥有200万QQ会员。同时，腾讯还为这些会员推出了增值服务，所谓的增值服务就是新功能的增加，这就充分地抓住了用户的心理，增加了用户对产品的忠诚度。这为网游的推出准备了充分的条件。

最后，腾讯有成熟的运营理念。经过长时间的发展，腾讯已经形成了一套比较成熟的运营理念，这套运营理念能够让腾讯应对大部分可能遇到的突发状况，可以让其更加轻松地运营新业务。

通过以上两个事例我们可以了解，腾讯新业务的推出并不是随意为之，而是贯彻了马化腾的"新业务要和自己的能力相匹配"的理念。我们从中也可以得知，企业在发展的任何阶段，都不能盲目地追求速度，盲目求大，而是要在力所能及的基础上做事。

也就是说，企业在发展新业务的时候必须充分考虑到自身的实力，这些实力包括了企业的售后服务、制造体系等。如果任何一方面出错，都会影响新业务的发展。在各方面的能力还不够出色的条件下盲目发展新业务无异于自杀。

拥有270亿资产的德隆为了发展，参与了十几个产业的经营，从农产品加工到金融、证券、飞机制造无所不做，产业涉及一、二、三产业，这对德隆来说是一条风险极高的扩张之路。在其不断发展业务的过程中，没有考虑到自身的能力而导致消化不良，最终破产。郑州亚细亚集团同样也是如此，由于没有充分考虑自身的能力而盲目上线新业务，这种无休止的扩张最终带来了亚细亚的破产。美国著名的安然公司同样是因为盲目扩张而破产。

对于企业来说，要想获得长久的发展，不能为了求快而盲目扩张，也不能为了求快而忽略自身的实力。正是因为马化腾考虑到这一点，所以在上线每一项新业务时都会考虑到自身的能力，争取让新业务与自身的能力相匹配。这也是腾讯每推出一项新业务都能取得成功的原因所在。

很多企业经营者认为企业的成功就是要以最快的速度把规模做大做强，如果企业不能一直向前进，就不算成功。同时，这些企业经营者把竞争比作老虎，认为企业在发展的过程中不能停下来，如果停下来就会被老虎吃掉。所以，这些人在经营企业的时候，盲目求快求大，在没有考虑自身能力的情况下不断上线新业务，最终非但没有促进企业的发展，反而使企业陷入困境。

为了避免让企业陷入这样的困境，企业经营者在发展企业的过程中不能盲目扩张，不能盲目追求速度，而是要充分考虑自身的能力，并且不断培养自身的能力，以求能力与新业务相匹配，从而促进业务的发展，以及企业自身的发展。

☒ 并购，三思而行

企业要寻求发展，往往有内部扩张和通过并购发展这两种选择。内部扩张是一个缓慢而不确定的过程，通过并购则能得到迅速发展。通过并购，企业规模可以得到扩大，能够形成规模效应。规模效应能够带来资源的充分利用，资源的充分整合，降低管理、原料、生产等各个环节的成本，从而降低总成本。同时，企业通过并购能够提高市场份额，提升行业战略地位，增强企业的竞争力。

虽然并购能为企业发展带来如此多的好处，但并不是所有的并购都能取得这样的效果。并购存在着不确定性，不适合的并购非但不能促进企业的发展，反而会阻碍企业的发展。马化腾深知并购的利弊，所以在并购的时候总是很小心，他推崇找到合适的企业后再去做并购。正如马化腾所说："做并购只能挑选真正非常好的，或者是比较容易整合进来的企业。这样合适的企业也不太容易找。"

腾讯作为互联网巨头，长期以来给人的印象是什么事情都自己干。无论是自己做还是模仿别人，腾讯的产品路径都非常清晰。腾讯对并购有着非常浓厚的兴趣，在过去几年的时间里，腾讯已经投资收购了超过百家公司，投入金额超过百亿，并且腾讯投资并购的目光不仅仅放在国内，在美国、日韩、东南亚都有"企鹅"的影子。腾讯参与投资并购的公司包括游戏公司、传统媒体公司、电商公司等。

腾讯的并购，虽说取得了非常大的成绩，但并不是所有的并购都取得了良好的效果。腾讯收购游戏开发公司 Riot Games 就是典型事例。

Riot Games 是一家美国游戏开发商，代表作为《英雄联盟》。2008 年，腾讯就已经对 Riot Games 产生了兴趣，当时的 Riot Games 融资 800 万美元，其中就有腾讯的部分投资。到了 2011 年 2 月，腾讯以总交易金额 16.79 亿元增持 Riot Games，这其中包含 15.25 亿元现金和 1.55 亿元股权，腾讯在 Riot

Games 的持股比例由交易前的 22.34% 增至 92.78%。

然而，这次并购短期内并没有给腾讯带来很好的回报，反而造成了亏损。2011 年的财报显示 Riot Games 在 2011 年给腾讯带来了 8.2 亿元的净亏损。亏损不仅是运营净亏损，还包含了收购过程中因收购无形资产的摊销、相关税项影响及股份薪酬开支而产生的费用。

这次并购在短期内使腾讯出现了很大的亏损，这也从在一定层面上说明了企业并购要找到合适的企业才能进行，而不能盲目地去做。腾讯的并购策略一向都是非常稳健的，马化腾一直在自己最熟悉的领域做并购。正如他所说："公司一直在进行中小型的并购，确保增值服务供应链的稳定性，收购对象主要是亚洲的内容提供商，如手机游戏、网络游戏、韩国的游戏开发商等。"

一个企业，如果要想通过并购得到壮大，就要做到马化腾所说的那样，要选择合适的并购对象。而要想找到合适的并购对象，就要对目标企业进行全面的筛选分析，由浅到深，再根据收购方的实际情况和要求，挑选出 4—5 家并购对象，在此基础上进行深入调研，最终确定并购对象。

提升实力，王者荣耀

☒ 互联网的竞争，体现在实力上

企业与企业之间的竞争，体现在实力上。特别是在互联网时代，实力才是王道，只有加强自身的实力，才能在竞争中取胜。

为了能够更好地进军门户网站，腾讯选择海外收购 QQ.com 域名，原 QQ.com 域名于 1995 年 5 月份首次注册，1998 年起曾被罗伯特·亨茨曼作为个人电影艺术网站使用。而罗伯特·亨茨曼的 QQ.com 域名在很长一段时间一直在国外拍卖网上拍卖，竞拍价有时竟高达200万美元，后来因为价格太高没有售出。后经一系列的协调沟通，2003年3月腾讯只花了11万美元就购得了QQ.com域名。

购得了QQ.com域名后，腾讯终于找到了一块属于自己的领地，从此就进入了门户打造时代。2003年11月，腾讯上线测试了一个在线网络门户网站——腾讯网www.QQ.com，腾讯网主要分为新闻、体育、时尚、娱乐、游戏、汽车、星座、笑话、教育等频道，腾讯上线这个门户网站的目标是成为以娱乐为主的主流互联网门户。依托QQ庞大的用户群基础，腾讯网取得了相当不俗的成就，腾讯有信心在3年内把腾讯网做到前三名。当时的门户市场上有传统的新浪、搜狐、网易三大门户，腾讯开始与三大传统门户进行竞争。

腾讯实施门户网站策略后，表面上看来，腾讯把网易当作主要进攻目标，但事实上，腾讯瞄准的真正目标是新浪。腾讯的门户网站与新浪的门户网站有很多相似之处。因为是后来者，所以腾讯在即时通信、社区、游戏等方面可以在模仿的基础上进行创新。这对新浪的冲击无疑是非常大的。

腾讯做门户网站有着巨大的优势，因为在2003年时，QQ已经有了两亿以上的用户。依靠这款产品，腾讯网新闻可以与QQ进行捆绑，同时，腾讯在进入的领域都有足够机会获得足够量级的稳定用户群。

为了彻底超越三大传统门户，马化腾积极寻找各种可能的赢利点。在QQ的基础上，腾讯开始了围绕即时通信社区平台广泛布局新闻资讯、搜索引擎、网络游戏、博客、BBS、电子邮件、C2C电子商务的扩张模式，这种扩张模式全面覆盖了互联网应用的服务，极大地促进了腾讯门户网站的成功。

腾讯的这一系列策略，为腾讯带来了非常大的成功。在2006年第二季度，腾讯网一跃成为中国最大的互联网门户，远远超过了新浪、网易、搜狐三大传统门户。

腾讯能够在门户竞争中取得胜利，很大一部分原因是由于自身的雄厚实力。事实上，腾讯每走一步都在加强自身实力上下功夫，这也是它能够在每一次的竞争中都取得不错成绩的重要原因，也是腾讯最终成为最大的互联网企业的重要原因。

就此我们不难发现，任何一个企业要想在竞争中取胜，就要打造自身强大的实力。综合来说，企业间所谓的竞争是实力上的竞争，谁有实力就能在竞争中取胜。所以，企业要做的是通过技术上的革新或者合作来弥补自身的不足，在发展中不断加强自身的实力，从而增大竞争的砝码。

⊠ "企鹅"之父：打造品牌，刻下烙印

提升品牌的价值，这是腾讯转型必须做的。马化腾是这么说的，也是这么做的。现在"微信"成了腾讯的代名词，提到微信，无人不知无人不晓，就连在市场卖菜的大妈都懂得如何用微信收账、支付。在微信之前，腾讯有QQ，对很多人来说，腾讯就是QQ，QQ代表着中国网民。

杨阳是最早一批的QQ用户之一。1999年2月，腾讯公司正式发布第一款QQ。那时候的QQ还不叫QQ，而叫OICQ。

他至今仍记得自己当时走进县城第一家网吧的情景："1个小时上网要四五块吧。"蓝色的电脑屏幕上并没有太多图标，懂行的朋友告诉他："你就点开那只企鹅，企鹅最好玩。"

品牌是一个公司的形象，是一个公司的代名词。品牌一词源于古挪威文字brandr，意思是"烙印"，它非常形象地表达出了品牌的含义——"在消费者心中烙印"。品牌是一个在消费者生活中，通过认知、体验、信任、感受建立关系，并占得一席之地的消费者感受的总和。

美国营销专家菲利浦·科特勒认为：品牌推广是一种名称、术语、标记、符号或设计，或是它们的组合运用，用来辨认其销售者的产品或服务，并使之同竞争对手的产品和服务区别开来。

品牌推广的目标是向购买者长期表达一组特定的属性、利益和服务，

而这些信息能够激发消费者的购买欲望，维持消费者对品牌的忠诚。这为企业带来的利益是长期的，并且难以估计。

2004年9月，欧洲最大的电子消费品制造商飞利浦决意改变自己"小家电巨头"的形象，将国人熟知的"让我们做得更好"的广告语变为"精于心、简于形"。飞利浦计划为此举付出8000万欧元。

飞利浦总裁兼首席执行官柯慈雷宣布这8000万欧元将用于在包括中国、美国、法国在内的全球7个重点地区发动一场广告公关营销推广大战，通过对这些地区的广播、电视、平面媒体和网络等全方位的"轰炸"，将新的品牌定位传达给全世界的消费者。

如同许多百年老店一样，飞利浦这家老牌的欧洲跨国电子巨头在盛名之下，其实难副，前进的步伐已经开始力不从心，从它的财报上看，飞利浦已经连续7个季度出现亏损。

"我们期待通过这个新的品牌定位，改变飞利浦在消费者心目中仅仅是一个消费类电子企业的形象。我们希望消费者能联想起'便利'或者类似的生活方式，确保消费者轻松简便地使用这种技术或享受生活。"飞利浦首席市场官芮安卓如此说。

提升品牌价值所带来的利益是不可估量的，飞利浦用8000万欧元提升品牌价值，从而实现了华丽的转身。2004年，飞利浦的品牌价值仅为35亿欧元，2006年已经达到了65亿欧元。

在商业社会中，品牌就是企业的竞争力。打造品牌、提升品牌是每一个企业都应该下功夫去做的。

⊠ 根据战略调整组织结构

2017年初，马化腾在北京举办了记者沟通会。在沟通会上，他从微信未来的发展趋势、公众号付费阅读、小程序等多个角度，全面分享了腾讯未来的发展方向。

马化腾表示,微信未来的发展方向,应该都和终端的变化有关。什么意思呢?我们知道腾讯内部就有QQ和微信的竞争,当初QQ为什么不能早一点变呢?马化腾说,虽然他们知道当时人们常用的终端已经从电脑变成手机,但是他们被公司内部的组织结构限制住了,负责电脑和手机的人在不同的部门、由不同的老板来管,很难在一起做一件事情。马化腾说,这是一个教训,该做改变的时候不要拖泥带水,错过机会会害了整船的人。

有效的组织结构可以使企业更好地适应市场发展,让企业取得有利的竞争地位。腾讯从2005年起就构建了一套按照业务职能线划分的组织结构体系。在这套结构体系中,腾讯由八个部分组成,分别是:S(职能系统)、R(平台研发系统)、O(运营平台系统)、B1(无线业务系统)、B2(互联网业务系统)、B3(互动娱乐业务系统)、B4(网络媒体业务系统)、B0(企业发展系统)。

这套结构腾讯一直沿用了7年,促进了腾讯的飞速发展,使腾讯很快地成长为世界上最大的互联网公司。2012年5月18日,腾讯正式宣布对公司进行组织结构调整,这次调整将重点布局社交、游戏、网媒、无线、电商和搜索六大业务,具体就是将腾讯现有业务重新划分成互动娱乐事业群(IEG)、企业发展事业群(CDG)、社交网络事业群(SNG)、网络媒体事业群(OMG)、移动互联网事业群(MIG),成立腾讯电商控股公司(ECC)专注运营电子商务业务,并整合原有的研发和运营平台,成立新的技术工程事业群(TEG)。

这一组织结构的调整对腾讯来说是空前的,一改已有7年历史的组织结构。已经是中国最大的互联网公司的腾讯,为什么还要做出如此大的改变?针对这次组织结构的改变,马化腾发表了自己的看法,他曾在给员工的一封信中说:"我们希望通过这次调整,将腾讯的潜力充分挖掘出来,抓住拥抱互联网未来的机会,通过这次组织架构重组,腾讯要实现的目标包括:拥抱全球网游机遇;强化大社交网络;整合网络媒体平台;发力移动互联网;推动电商扬帆远航;聚力培育搜索业务;并且加强创造新业务的能力……"

我们不难发现,腾讯在时刻完成自我成长,力求公司的发展能够与市场发展充分协调。腾讯最怕的就是组织的僵化，马化腾对此有深刻的理解。他认为曾经身为胶片影像业的巨头并且是数码相机发明者的柯达最终失败的原因就是组织过于僵化，他还强调在这样的组织里，创新很难获得足够的资源和支持，难以找到生存空间。如此，企业被颠覆是早晚的事情。

那么，应该如何改变？马化腾给出的建议是构建一个新的组织形态，唯有创建新的组织结构，才能促进企业的发展。

2009年3月，神州数码宣布组织结构调整，按照行业客户、企业客户、中小企业及个人消费用户将旗下业务拆分为六大战略本部。

原本主要针对中小企业及个人消费用户的海量分销业务细分为三个战略本部：商用战略本部、消费战略本部和供应链服务战略本部。其中商用战略本部主要面向中小企业，提供产品及解决方案；消费战略本部侧重消费类IT产品的分销与销售；供应链服务战略本部作为前两者的后勤部门，主要负责供应链物流管理。

原本主要针对企业客户提供的服务器、存储等增值分销业务，将并入负责网络设备销售的神州数码网络公司，成立新的系统科技战略本部。其定位是为国内企业客户提供业界先进的产品解决方案与增值服务。

原本主要针对行业的IT服务业务，拆分为软件服务战略本部和集成服务战略本部。其中软件战略本部主要提供软件产品，集成服务战略本部更侧重硬件，提供端到端的IT基础设施服务。

神州数码称此次调整是依照客户需求划分了业务结构。在未来市场上，神州数码将关注八类业务模式，包括零售、分销、硬件安装、硬件基础设施服务及维保、应用集成、应用开发、IT规划和流程外包等，并依此构建业务组织结构，形成六大战略本部，满足客户的全方位需求。

神州数码的此次组织结构调整是公司"以客户为中心、以服务为导向"战略转型的一个重要组成部分。此前，神州数码董事长兼总裁郭为在2007年制定了向IT服务转型的战略，此次结构调整即是上述战略的延续。

自2000年从联想控股集团分拆出来以后，神州数码重组整合的动作就一直没有间断。2006年，为配合公司的新战略，郭为对神州数码进行内部整顿，建立四大虚拟子公司，子公司各自开始向IT服务转型。之后又根据业务的不同将公司分为三个虚拟架构，分别是负责海量分销的神州数码科技发展公司、负责增值分销的神州数码系统科技公司和负责IT服务的神州数码信息技术服务公司。神州数码不断进行结构重组，最终促进了公司的发展，增强了竞争力。

由此可见，根据战略进行组织结构调整，能够使企业进一步释放生产力，强化战略管理能力，在优势领域深耕细作，扩大市场份额，拉大同竞争对手的差距。相反，如果组织结构落后，战略执行将遭受众多阻碍。这也是马化腾注重结构重组的重要原因。

然而，企业的组织结构要不断地适应变化、应对变化。一个极其僵化的组织结构是脆弱的。只有一个能适应新情况、新需求、新条件的组织结构才能继续存在。那么，何为好的组织结构？凡是能使人取得成就和作出贡献的结构就是好的组织结构。组织的宗旨是解放和激励人员的能力，而不是对称或和谐。也就是说，组织结构要能为企业建立起高效的组织运行机制。这也是马化腾要对腾讯进行组织结构调整的重要原因。

马化腾重组腾讯结构告诉了企业经营者，有效的组织结构使企业能够适应市场发展，能够为企业竞争取得优势地位。在这个过程中，企业要做到的就是要自我成长，自我进化，使组织结构能更加适应企业的发展模式。

附　录

⊠ 2017 年全国"两会"上马化腾答记者问

提问：在打造粤港澳的湾区问题上，您认为要打造这样一个湾区，现在还缺乏一些什么东西？在这个打造过程中，您觉得腾讯想扮演什么角色？

马化腾：其实深圳在珠三角，这方面的联动其实蛮强的，因为很多在深圳的智能制造、研发企业，在东莞或者在深圳周边的制造企业都已经非常成熟。

跟香港的联动方面，我们目前看到的一个案例，像深圳的大疆创新科技有限公司，创立人原来是香港科技大学的一个学生。汪滔是李泽湘教授的学生，看到做无人机的效果不错。他要做无人机，在这个过程当中发现只有深圳有最好的产业链配套，发现零配件只有在深圳才能生产出来，才能搭出这个原型来。你可以看到他去深圳创业，成就了一个非常大的企业，在这个领域占据了全球 90% 的市场。我觉得这是一个蛮神奇的事情。

这个案例就是发生在深港还有东莞、珠三角的一个很好的案例。我们也在香港参加了一个叫"香港 X"的计划，希望能够把这种高效的资源利用起来。不仅是材料、制造行业，可能还有生物医药、大数据、人工智能，等等。可能过去是比较艰难的，但我们希望政府能够从政策角度更鼓励它打通这个环节，我觉得这个对香港也是一个很大的机会。就是说香港在转型，过去做房地产、做金融、做贸易，未来在高科技方面怎么样才能抓住中国这个大的市场。

但是香港有很好的机会，可以吸引国际人才。我觉得在吸引国际人才这个方面，珠三角也是很有优势的。

腾讯刚好在深圳，你可以看到我们的高管也好，我们的很多人才其实也是从国外引入的，他可能会在香港、深圳两边跑，在这方面我们感触比较深。我希望这些方面今后能够更加开放。

过去几年，香港在人才的引入方面是收紧的，我觉得这个长期来说对香港是不利的。这样子大家就会越来越疏远。我觉得应该在一个大的政策方向之下，有类似 CIPA 的计划，能够给科技人才一些绿卡，用一些绿卡名额来吸引高科技企业，可以更方便人员自由进出，包括调整税收制度，等等。不要说进内地要数 180 天有没有到，到了 180 天又得赶紧离开，这就很麻烦，长期下去非常不方便。

就是希望这方面能不能再放开一点，这部分不要只限定 180 天的停留时间。这些如果没有从税收等角度来全盘规划，我觉得可能有一些难推动。我们也是从一线的角度来了解这种情况。

提问：关于腾讯在香港的支付业务，之前是带着微信的红包进入香港，并且希望开展支付业务。但是进来一年多来似乎并没有看到一个大规模的推广，反而看到在过去的一年多里面，包括香港本地的港铁公司、汇丰银行，都推出了自己的电子支付业务。您觉得香港市场对于腾讯来说，是不是一块比较难啃的骨头？另外，昨天内地的一家叫银河联动的公司，向香港高等法院控告腾讯侵犯其图形二维码专利。想请问一下您怎样回应？

马化腾：先讲支付。在香港我们刚拿到了第三方支付的牌照，之后才能正式做，之前等于是试运行了。这其实有一个很大的问题，在内地我们绑卡都是用借记卡，绑定的信用卡是不能发红包的。但是在香港，使用借记卡的人很少，基本上都是用信用卡。如果信用卡里面的现金可以用来发红包或者充话费的话，会有类似现金套现的潜在风险，这边会比较谨慎。

第二个问题是应用场景不够。纯港币的应用场景我们试了一下，线下好像都没有应用场景可以落地，这是一个让人比较头痛的问题。反而是内地游客到香港消费，扫码量可能还大一点。现在还是缺乏场景，我们今年开始也会努力拓展线下的很多场景。当然这中间也有一些竞争，很多商户被签了独家，所以可能得等到有些独家或者排他协议过期之后我们才能进场。有的时候不是我们不努力，是因为商户被签了独家了，我们进不了。你也知道我是指什么意思，这个竞争其实是比想象中激烈的。

至于你刚才讲的二维码这块儿，我也是刚刚留意到。我们的法务、律师团队都在看这个事情，我个人认为，像我们做这么大体量的企业，肯定是非常关注知识产权和专利的，否则的话也不可能做这么大。我们在全球的互联网的专利申请量也是领先的，在国内也是排第一的。我们非常关注知识产权，所以这方面也请放心，我们一定会非常严谨。

提问：现在大家都在提互联网下半场，也就是互联网红利时代的结束。行业从流量战争转向内容战争。您是否认可这个观点，以及腾讯会怎样应对甚至引领这个变化？

马化腾：其实我的建议里面都隐藏了这个回答了。

我在讲数字内容的时候有提及，其实在内容没有发展起来的时候，大家都是以流量为主。未来内容的价值、IP 的价值会越来越重要。但是也不能说流量不重要，这两个可能原来是八二，以后变成五五（都重要）。你有流量入口，同时又有内容的这种制高点，就是两者都重要。

提问：滴滴、今日头条、美团被业界称为"TMD"，你认为 TMD 会成为小 BAT，或 BAT 的影子吗？

马化腾：至于新的 TMD，你会发现它们更多的是 O2O 领域的，或是像今日头条这样的在个性化、大数据、资讯中的应用。我们可以看到技术和传统行业的融合，让中国相对于世界互联网有了一股新的力量。并不像过去说的 C2C(Copy To China)，现在是叫 KFC(Kaobei From China)。你可以看到中国有很多原创的东西了，你可以看到这种个性化的资讯阅读。包括这种 O2O，虽然是 Uber 先做的，但是你可以看到现在滴滴的量已经是 4 倍、5 倍于 Uber 全球的总量，这个是很惊人的。

包括现在摩拜单车和 ofo 单车之争，共享单车的这个量也增长得非常迅速。我们也可以看到中国作为最大的互联网市场，是有很大潜力的。

提问：您怎么看待互联网医疗？

马化腾："互联网+"中，最难啃的是"+医疗""+教育"。在过去，腾讯的思路是投资很多的互联网医疗企业，比如投资了 3 家杭州的企业，包括丁香园等。

从我们的角度,我们希望能搭建一个子平台,让我们投资的和未投资的企业都能用好这个子平台。我们也希望从更多角度,比如能不能使微信运动的功能更丰富一点,更多地鼓励用户?

另外,我们也会投资购买跟医疗有关的产权。同时,也希望有更好的国家政策能让三甲医院和好的医生的能量释放出来。

提问:共享单车目前遇到了一些问题,比如违章停车或车辆遭到人为破坏,您的建议是如何解决?

马化腾:共享单车这个新事物来得太快了,短短几个月就迅速成为热点。整个社会还是需要一定的适应时间的。

破坏单车是少数事件,可能也来自于竞争。这个领域的竞争正进入更白热化的阶段,可能接下去大家会更加关注。

总的来说,整个国民素质一直在不断提升。我担心的是,激烈竞争之下,现在有些共享单车已经从付费往免费方面走了,后续会不会倒贴钱让用户去骑单车呢?行业会怎么演变呢?那时候会再发生什么事情呢?这些是我比较关注的问题。

问:您如何看待微商乱象?

马化腾:微商乱象头一两年很严重,现在已经好一些了,之前有一些是基于微信等平台来提供微商服务。在这个过程中,我们发现,监管的确非常难。所以,我一直在想,用什么技术手段能够有效监管,让用户看到好的微商和诈骗类微商的区别。我们从后台和大数据看到,很多微商还是健康发展的。

对潜在的、不可持续的微商,高额返利的,我们就要及时制止。但我们也很无奈,我们没有权力去执法,很为难。我也跟很多领导反馈过这个问题,如何能提前发现。我们也希望从公安和法律角度有所作为。

提问:前两年你一直在强调,腾讯在战略上专注做连接和内容。2016年开始有消息传出,说您在内部提出腾讯未来要做的是一家科技公司。这是否意味着腾讯战略有所调整? AI(人工智能)在腾讯扮演了什么角色?

另外，腾讯在去年经历了18岁的"成人礼"，腾讯"成年"后，最让您焦虑的问题是什么？

马化腾：我们为什么提科技，因为也是我们的焦虑所在。掌握技术才能保证战略制高点。否则，当一个浪潮来了的时候，为什么有的企业能做到，有的企业做不到？最终还是因为技术。技术是一个不可逾越的东西。在AI更普及的时候，我们也担心和关注这方面的发展。不仅AI，还有很多方面，AR（增强现实技术）和VR（虚拟现实技术）也在影响用户体验。

人机交互总是一个很重要的话题。比如未来甚至可能通过脑电波、皮肤的电流产生一些互动……这些技术可以倒推很多产业创新。

我们研发小程序也是着眼于未来，小程序是一个场景和计算的代码、动态的代码。我越来越感觉到，做纯软件可能会失去未来的一些制高点。我们即使不生产硬件，也要关注哪些企业可以成为合作伙伴。

我们希望未来微信公众号和小程序更多的是扶持线下实体，让很多的合作伙伴把解决方案铺出去。

提问：您在2016年乌镇互联网大会上就提到了AI，但说到想具体地落实到应用上不是那么简单的。具体的难点和阻碍在哪里？腾讯今年会不会在人工智能产品还有具体的方向上有一些落地？

马化腾：我们内部其实分好几块在做AI。我们有AI的实验室做一些基础性的研究，在我们各个事业部里也都有AI的团队。其实过去几年也一直都在做。比如说我们的优图团队，我们在人脸识别方面的技术是最强的。因为我们每天都有这么多亿张人脸照片往上传，所以想不强也很难，技术也应用在了我们很多产品中。

包括我们在微信里面的语音数据也很丰富，这对语言的训练非常有利。所以我们也在做语音识别方面的技术。

很多领域，还是要看场景，有的是跟图像识别有关，有的是跟语音有关，我觉得这些都有很多方面的不同应用。

我们做的是更希望能将技术结合到我们的产品里面，可能大家用起产品来发现越来越好用。或者说后台，包括信息安全方面也可能需要用AI技术，这样的话就不用铺很多的客服去看这些数据，完全是用AI的技术来去做信息安全，我觉得也是更有效的。

当然我们还是希望有一些更有趣的、更带未来感的一些AI，我们也有很多的团队在做研发、做尝试。这方面我们还是很鼓励创新的，甚至是同一个课题有多个小组同时在做，也都很值得鼓励。我觉得这方面我们也是鼓励自下而上的创新，哪怕有一定的冗余度，我觉得都应该鼓励。这方面的投入都不会浪费。

提问：未成年人健康上网以及参与网络游戏一直是社会关注的一个热点话题。在建议加强未成年人健康上网保护体系建设方面，腾讯也推出了一个协助家长了解和引导孩子上网游戏行为的成长监护平台。作为一个父亲，您是如何管理和引导您的孩子上网以及网络游戏行为的？

马化腾：我是从亲身体验来判断产品的。之前团队有跟我提过这个提案，比如家长通过平台设置，让孩子周末才能玩一下游戏、周一到周五上学期间不能玩。我看设计师写的是周六周日可以玩，我说不对，我们一般是周五晚上就可以玩了，但是周日晚上不能玩。这背后有很多细节还在考虑，不是这么简单的周六、周日不能玩。因为你要考虑到第二天上学和不上学的问题。这些细节，你只有自己亲历过才能知道。

我跟孩子也是用这种方式，我们约好时间，而不是一刀切不给。游戏确实也有它的好处，但是不能过度沉迷，时间要管理好。我可能会限一个消费额度，让你自己看着办，花完了以后后面就没有了，有一个预算的概念。我觉得能提供这么个工具，让家长和孩子一起来管理是非常好的。

提问：微信公众号什么时候推出付费内容？在互联网免费模式仍然占主流的今天，微信的付费阅读是否能够真的走得通，知识付费的春天是否真的到了？

马化腾：我的确曾在朋友圈回复过朋友，但被误读了。有些人骂说公众号怎么还收费了？这就跟当年讲微信收费一样，是谣传。

我们只是提供基础设施，让内容生产者决定哪些内容是需要收费的，哪些是免费的。我们还可以在系统上进行支持。打赏也是一种付费。这些都是由内容生产者决定的，我们不会帮他们做决定。

提问：外界认为可能小程序的出现是腾讯想要让微信解决一切的问题，不用再打开其他的APP。小程序现在出现了一段时间，你对它的期待是怎么样的？您想打造一个什么样的生态系统，现在它的繁荣程度是否达到了您的预期？

马化腾：我觉得外界真的误解了。其实小程序在一些应用场景也是可以极大地降低用户流失率的。比如说摩拜单车的小程序，很多摩拜用户本来没有装APP，用户现在就要骑自行车还得花1块钱下一个APP。这样的话用户的流失率是很高的。

我们做了测试，如果APP转成小程序的话，用户的留存率极大地提升了。所以现在由小程序产生的新注册用户，接受程度是很好的。

我们不是想取代摩拜的APP。而是说对于重度用户，我们反而希望用户在使用小程序的过程中，有一个合理的场景途径，引导用户去下载APP。因为更复杂的体验可以在APP上实现，比较轻量的则可以在小程序上实现。

我们看问题都是从用户的角度出发。用户想怎么用我们就支持他，而不是去控制流量。

提问：前一段时间腾讯刚刚度过了18岁"成人礼"，您说最大的感悟就是"责任"。每个企业家都在谈责任的重要性，可是当责任与公司的业绩或者来自竞争对手的压力有矛盾的时候，不同的人还是会有不同的选择。如果您面对这样的难题，会如何去取舍？

马化腾：关于责任，腾讯是有很多的感悟的。其实在企业发展壮大的过程当中，我们也走过弯路，吃了很多亏。包括我本人当时就说，这个为什么他能做我就不能做呢？我为什么要让着他呢？我大了又不是我的错，为什么我不能做？可能之前会有这种比较狭隘的产品思想，觉得你总不能剥夺我一点尝试的机会嘛。

到最后你会发现真的一个企业大到一定的程度时，特别是产品已经是平台化的时候，有些事情真的是别人能做而你却真的不能做，有些钱或者有些业务是别人能赚你还不能赚，这个也是越来越真切地感受到了。

从内部来看，比如说腾讯以前的一些订阅服务，我们后来发现很多用户是很久不用了，但是我们每个月还扣钱，你说你要不要把它清掉呢？这是一个很难决定的问题。后来我们还是决定要清，慢慢一点点地把它清掉，你才能轻装上阵。否则的话你背得越久，迟早是要还的，还的那一瞬间更麻烦。

过去的很多风波，也是因为我们在决策时会有一些草率，没有深思熟虑。所以我们之后会更谨慎，而且会更加关注责任的问题，包括我们主动提出了对未成年人的保护，真的是很认真地在想这个问题。

我们在内部说，用多个小地震化解一个大地震，否则的话迟早会出事。这也是真实的感受吧。

提问：微信是一款非常成功的社交软件，但是任何一个产品都有生命周期，您有没有想过有一天也会进入后微信时代，当这一天到来的时候，您会等对手超越您，还是自己破茧重生，或者说腾讯内部现在有没有一个杀手锏可能会成为下一个微信？

马化腾：据我分析，应该是跟终端变化相关才会有比较大的机会。我们内部就有 QQ 跟微信的竞争。不应该是简单地说谁突然间发明了某个东西。

当然可能会有别的产品形态的出现。比如说从另外一个角度切入，完全以纯通信为主，通常要等到一个新的终端的变化才会有新的机会。那时候可能也是我们的坎，所以我也很关注不同的终端的演变，包括微信本身也要变。

当年的 QQ 受制于我们内部组织架构，手机、电脑是分在不同的事业群、由不同的老板管的，很难捏合做一件事情，所以这也是一个教训。内部组织结构不及时改变的话，只能是心有余而力不足，没法驱动，明知往这边转也没办法。遇到问题的时候，我们要吸取前面的经验教训，该怎么改就怎么改，该做决定就不要拖泥带水。有时候碍于情面，有时候碍于组织结构，还在考虑是谁的位置、谁管的业务，反而会延误战机，最终害了整船人。虽然老是拿过去的案例来跟大家讲，还是希望大家要拥抱组织变革，有时候该改就得改了，不然的话就会因小失大。

◇ 2016 年马化腾致合作伙伴的公开信

各位合作伙伴：

我们迎来了腾讯历史上的第六届全球合作伙伴大会。过去一年，越来越多的创业公司从腾讯开放平台脱颖而出，创业这杯咖啡没有凉。随着腾讯创业服务平台的上线和众创空间在 30 个城市落地和拓展，我们将面向 7000 万中小企业的创业者，带来线上线下、全阶段的创业服务。

记得 5 年前，我们提出要携手合作伙伴一起打造"没有疆界、开放分享的互联网新生态"。现在，我们正站在新的起点上迈近这个梦想。

今天，我们的生态正在发生革命性的变化，深刻地改变着我们参与生态的方式。我想借这个机会，跟大家分享我看到的"新生态"。

1.我们与合作伙伴共建的新生态正从"一棵大树"成长为"一片森林"。在腾讯开放平台推出的初期，很多人把它看作一棵大树，认为合作伙伴需要变成枝叶才能获得入口和流量。目前，这种树状结构正在变成去中心化的网状结构，形成了合作伙伴自主生长、多个领域的伙伴与腾讯一起发展的新生态。

近几年，腾讯专注做连接，聚焦社交平台、数字内容及金融等"两个半"业务，其他垂直领域都与伙伴合作。对于合作，我们拿出"半条命"，坚持去中心化，协助大家成长为自主的平台和生态。我们很清楚，孤木难成林。只有赋予开放分享的基因，生态才可能长成一片森林。

这个想法正在变为现实。近两年，京东、滴滴、美团、58 同城、携程等不少伙伴快速成长。大家在自身发展的同时,也和我们一起,在垂直领域打开了一些新的开放平台。这是一个很令人振奋的变化。一个企业再大,也难以支持众多细分领域合作伙伴的创新。现在,生态中先发展起来的合作伙伴,能够开放资源支持更多合作伙伴的成长。我相信,这样多伙伴开放的新生态才是可持续发展的。

其实,腾讯自身的开放平台,也一直在坚持促成一个去中心化的开放分享网络。这和腾讯的社交基因有关。我们的开放平台最早是基于 QQ 及后来的微信,从社交关系链的架构推演出来。社交网络天然呈网状,鼓励朋友间开放分享。例如,微信公众平台就改变了合作伙伴到中心平台买流量或租铺位的历史。你可以建立自己的用户群,你的粉丝就是你自己的,你跟客户怎么沟通你完全自主。我们只做连接,促成大家"更方便顺畅地对话",这是我们的初心所在。

未来,我们的新生态将生长出许多的垂直细分生态,每个合作伙伴之间可以开放分享、自由连接。我希望腾讯的开放平台成为"大家的新生态"。

2.支持合作伙伴发展的生态基础设施正在迭代。云、LBS(地理位置服务)、移动支付、大数据和安全能力成为了新型基础设施。这些年,创业公司成为独角兽的时间大大缩短。有意思的是,目前全球市值排名前十的独角兽公司中,近半数都采用了分享经济的商业模式,例如 Uber、Airbnb、Wework 和滴滴出行等。这些公司大都出现于 2010 年前后,成长速度惊人。

仔细分析,分享经济的出现有着不少前提。首先是移动互联网的兴起,让 LBS、云、大数据、移动支付等技术,能够实现社会闲置资源的规模化智能匹配。此外,它还有赖于社会互信关系,把朋友间的开放分享拓展到更大的社会空间,这种互信植根于记录信用、鼓励分享的社交网络。

过去一年,腾讯云高速增长。云和分享经济像一枚硬币的两面,分享经济就是生产力的云化。越来越多企业向云端迁移,除了节省成本、提高效率,更重要的是学习如何在分享经济的环境中生存与发展。这种生存之道简单来说,就是每个企业把独特的资源和能力凸显并分享出来,其余的工作交给生态伙伴。这正是我们过去5年来的选择。

　　5年前,我提到一个愿望:哪怕只有一两个人的小公司,只要有好的创意,我们就可以帮助它把注意力集中在产品开发上,其他问题不用考虑太多。现在来看,这个愿望基本实现了。借助新型基础设施,我们的创业工具箱正变得丰富。在腾讯的创业服务平台,各类创业服务机构可以通过分享经济模式,让创业要素得以更好地匹配。尽管资本市场冷热会带来周期性影响,但创业门槛整体上在降低,创业成长的速度也在加快。

　　值得注意的是,新型的基础设施也越来越依赖"大家的生态空间",需要生态伙伴一起共建。以LBS为例,我们和垂直领域的生态伙伴把每天深入毛细血管的海量的消费、物流信息汇聚成大数据,就可以反哺给合作伙伴,帮助大家优化产品和服务。

　　我们看到,生态开放分享层面的"去中心化"正在与云、大数据等基础设施的"中心化"有机地融合起来。更多的生态伙伴在资源分享和生态反哺的循环中,会实现"整体大于部分之和"的共赢。

　　3.在"互联网+"和"新技术+"的推动下,我们的生态空间将大规模扩容。

　　今后还会有更多的传统行业通过"互联网+"转型升级加入我们的生态空间。

　　与此同时,生态扩容势必在突破性的新技术上展开。例如,AI、VR、AR等一系列新技术正逐渐成熟。今年我和很多合作伙伴一样在关注,"AI+"会不会成为下一代生态基础设施,为全球各行各业带来智能化变革。

　　从大型机出现到家用PC的普及,大概有20年时间。PC进入移动互联网时代也历经了20年。今天距离第一只iPhone发布已过去近10年,如果20年会继续带给我们惊喜,那么未来10年内人机交互界面的迭代是个大概率事件。

　　我们的很多合作伙伴,从PC时代就伴随着腾讯成长一直到移动互联网时代。今天腾讯的勃勃生机与你们息息相关。

　　面向未来,我们可能会面临国内外更激烈的生态竞争,但我们有信心与合作伙伴及其伙伴、新老朋友共建一个促创新、共生长的新生态。这个新生态会越来越像一片森林，变得更具多样性、协调性和承载力。

谢谢大家！

2016年马化腾在中国"互联网+"峰会上的发言

尊敬的任主任，尊敬的两位院士李院士、邬院士，以及陈副市长，以及各位嘉宾，欢迎大家来到"互联网+"峰会的论坛现场！我的同事告诉我，今天在场的有超过800位的政府官员、专家学者，以及我们的合作伙伴，还有我们的媒体朋友。我的同事告诉我说今天上午一票难求，以至于他的微信名字都改成了"没票"，但是我们下午有四场论坛可以容纳更多的朋友来参加。我们特别珍惜现在和大家交流的机会。

刚才主持人介绍，2015年我们办第一届"互联网+"峰会的时候，离当时"两会"提出"互联网+"行动纲间隔的时间非常短，经过一年多时间的准备和筹备，我们有更多的、更充足的一些"互联网+"领域的成果向大家进行汇报。

去年我更多的提"互联网+"是用"工业革命"这样的比喻。比如第一次、第二次工业革命时的蒸汽机时代以及电气化时，我们这次是第三次工业革命的组成部分之一，即信息能源。我们把互联网当成一个各行各业都可以积极拥抱的能源的形式来理解的话，我想我们所有的行业都应该更加清楚地看到互联网是一个与新经济、新领域息息相关的必须拥抱的新领域。

从这个角度我们可以看到，过去一年多的时间在好几个重要的领域，比如通信、金融、零售、O2O、交通领域都发生了巨大的变化，我也想跟各位简单地分享一下自己观察到的一些情况。

就我们所处的"互联网+通信"的传统电信领域来说，运营商已经非常地拥抱像微信等新生代的以数据为主的一种互联网通信方式，而且合作得也非常好。整个传统电信业从以话音、短信为主转向以数据消费为主，这样的商业模式已经顺利地过渡。过去的摩擦已经不复存在，我们现在是联手一起展望未来的发展。

但是这一年多来我们也看到，在这个领域也会产生很多其他的接踵而来的社会问题，包括不良信息的传播及安全性问题。这也是因为通信平台流转得非常大。这给我们带来很大的责任和压力。我们昨天晚上和今天早上还与团队部署，我们怎么打击在这个平台上滋生出的一些与涉赌有关的不法行为。这些都是"互联网＋传统通信方式"带来的新问题。

金融方面，互联网金融发展得很好，但是很多打着"互联网＋金融"的创新旗号进行非法集资的情况也在接连发生。这些都是我们要特别关注、特别警惕的一些问题。

O2O方面，我们在座的合作伙伴都是O2O领域的佼佼者。可以说从2015年和2016年这段时间里，整个中国的O2O发生了巨大的变化。我们看到，不仅是在58同城、赶集网的分类广告领域，也包括美团、大众点评等这些领域都发生了很大的变化。这个变化在震动中产生了很多推动变化发展的契机，旅游行业的携程、去哪儿网、艺龙等都在发生产业融合。

"互联网＋交通"领域更加是目前竞争最激烈的一个垂直领域之一。从过去滴滴、快的的激烈竞争，到两家合并之后又跟Uber在市场上进行了长达一年多的竞争，我们可以看到这个产业还在高速地发展，但同时我们也看到，从政策角度来说也是遇到了很大的挑战。比如"互联网＋交通"怎么面对传统出租车，以及在与相关的政策法规发生冲突时怎么办？

前不久我在贵州参加大数据产业峰会时和李克强总理交流，我大胆地提了个建议，拿当时我们和阿里巴巴的案例做对比：如果在10年前，淘宝的小店主、店家因为没有营业执照或者不能开发票而被政策完全清掉，那可能就没有今天的阿里巴巴了；如果5年前微信诞生的时候，因为简单地认为这个冲击了运营商，通信受影响而出台政策把它直接关闭，就没有今天的微信市场。当时总理也非常认同说，我们在看到新生事物的时候可能更多地要看一看，对于暴露出来的发展中的问题，要想办法解决。所以，在"互联网+"时代,其实挑战很大,会遇到很多的困难。

过去一年来,在城市服务和公共服务方面也有很大的进展,各地政府、经信委、发改委都非常支持,我在去年到今年跑了十几个省,积极地推动"互联网+"的方案,也讲了很多场课,跟很多官员介绍了这个概念以及它有什么好处,等等。可以说一年过来,我们看到有很大的进展,我们看到在公安、税务,还有很多领域,包括医疗卫生、教育等都有很多的成果出现。我们在我们的众创平台里还看到诞生出了很多垂直领域的创新公司,因为"互联网+"各行各业,每个行业的知识都非常复杂,都非常深。在这个领域里诞生出了很多垂直领域的合作伙伴,在座的很多合作伙伴都是做这方面工作的。

我相信"互联网+"在未来是有很多创新机会的。我们腾讯应该做什么,不应该做什么,在这种大环境下腾讯的定位很清晰,我们是做连接器。我们希望提供一个连接器的基础功能,基础的组件能够把服务和用户连接起来,以及把政府拥有的庞大数据开放出来,解决"最后1公里",和用户对接起来。其实各地政府在过去十几年做智慧城市时已经储备了很强大的数据基础,就差最后一步的开发,这方面是大有可为的。

我们也在思考,比如在合作伙伴的大会上我也在分享,腾讯应该更关注什么,做什么,而不该做什么。我思考了一下大概有这几方面。

第一,云服务。腾讯在云方面一直非常强,但过去,我们只是服务自己内部的产业和内部的系统,并没有把它开放出来,在今年会彻底地开放我们在云方面的能力,同时把它商业化,包装成好的产品,给社会、给政府、给合作伙伴。

第二,地理位置信息LBS。LBS是在未来移动互联网时代和下一代人工智能时代非常重要的一个环节,它是一个基础设施,它本身不是一个业务或者会带来很多收入的业务。腾讯在地图方面的投入,包括我们的合作伙伴滴滴,它每天有上千万的出行,有实时的交通数据,汇集了数百万车辆实时地理位置信息;京东每天有数百万单的送货、物流等庞大的地理位置信息。他们既是 LBS 信息的消费者，又是 LBS 信息的生产者，更不用说像美团、58 同城这样的有遍布全国数十万的商家。包括外卖、快递等服务，深入到小巷里的鲜活的地理位置信息他们都可以共建、共享以及共用这个基础设施。这是一个非常有未来的基础设施。

第三，我们还关注安全。我们 5 年多来立志在安全领域不惜代价地长期投入。在移动互联网时代，我们手机端的安全服务得到了业界的认可。就在两天前，苹果在全球开发者大会上，对腾讯手机管家的骚扰拦截模块进行了官方唯一推荐。这是对中国以及对腾讯安全团队的一个极大认可。以后大家在苹果手机上就可以直接过滤掉一些垃圾短信和推销的电话营销，这在以前是没法做到的。我们还有很多领域都在关注基础设施，包括支付，等等。

今天我们的大会的一个很重要的环节就是我们推出"互联网+"指数。去年我曾提到我们希望跟各地经信委合作，能够用更科学的方法编制"互联网+"指数，能从各行各业、各维度汇集各地的信息，能够使各省、各市，甚至各个区的各行业在拥抱"互联网+"方面有一个更加数字化的表现，在各地推动的时候就可以有一个抓手。

腾讯庞大的数据，包括公众账号，其实已经包含了各行各业的资讯，但是我们觉得还是不够。因此，我们跟业界的这些老大们，像刘强东、姚劲波、王兴等，我在微信里单独跟他们沟通：在零售领域、电商领域、交通领域、O2O 生活方面，我们没有最鲜活的数据，能不能把你们的数据一起共享出来；2015 年不同的城市，不同的领域，你们的数据怎么样，能不能一起融合，通过加权智能分析得出一个最能够反映中国现状的数字化 GDP 的全景图。

开始时我觉得不一定能做到，因为我怕出来的数据非常不可信，但我们团队经过几个月的努力，今年应该还是有一定成果的。但是未来我希望能够做得更加实时化，甚至以后每一天都会看到各地鲜活的变化，能够更加快速地推动我们的"互联网+"的发展。

最后,我预祝本次峰会圆满成功,预祝在场的嘉宾也能够给我们贡献更多好的想法。谢谢大家!

2015年马化腾给合作伙伴的一封信

各位亲爱的合作伙伴:

从第一届腾讯的合作伙伴大会到现在,已经迈进第5年。回想2011年站上大会演讲台时的承诺,我依然铭记在心:腾讯的开放是不可逆的,这扇大门只要一打开,就不会关闭。正如一个新的生态一旦形成,它就获得了一种自然生长的能力。

5年里,移动互联网崛起,"互联网+"带来的新商业模式层出不穷。在"大众创业、万众创新"的浪潮下,许多年轻人像17年前的我们一样,以极大的勇气和热情迈进各种新兴领域。也有越来越多的创业伙伴在腾讯开放平台上分享与合作,他们取得的成功令人兴奋。

5年来,随着腾讯与合作伙伴开放协作的深入,我对于"合作伙伴"的理解,也变得逐渐清晰起来:合作伙伴对腾讯来说意味着什么?腾讯该如何促进合作?通过合作,我们可以共同为社会贡献些什么?在下一个5年伊始,我想和伙伴们分享,也期待与大家一起,形成真正开放的新生态,共赢未来。

1.合作伙伴是生态型组织里的第三条生命线。

腾讯从做一款产品起家,在早期的激烈竞争中得以生存下来,除了各种运气,关键在于"一切以用户价值为依归",一心只想做好产品体验。随着企业步入成长期,员工数量剧增,我们开始学习用更专业、人性化的方法助力员工的发展。自始至终,用户、员工都是我们的两条生命线。

时至今日,腾讯开始与各行各业发生联系。我明显地感受到:企业再大,能力都是有限的。接触了越多的合作伙伴,我越是会有一种敬畏心:很多行业都有很强的专业性。只有开放协作,才有可能创造出共赢的未来。幸运的是，我们和合作伙伴们一起，已经在路上。尤其在许多领域，我们的合作伙伴是主导，而腾讯非常乐意担当配角并提供基础支持。5年来，毫不夸张地说，合作伙伴已经在一定程度上决定着腾讯的未来。

我喜欢自留"半条命"，把另外"半条命"交给合作伙伴。这不是一句玩笑。腾讯并不希望成为一家传统意义上的大公司，而更渴望生长进化成一个共享共赢、没有边界的生态型组织。我坚信，合作伙伴是一个生态型组织里与用户、员工同样重要的第三条生命线。大家命运与共，将会形成一个真正的新生态。

2.连接力是一种具有普惠价值的商业服务能力。

这两年来，我在各场合提到最多的词可能就是"连接"。连接，是互联网的本质。所谓"连接一切"，无论是连接人与服务、设备或数字内容，根本上还是为了满足人的延伸。互联网的奇妙之处，在于能够让每一个在生态中被连接的伙伴，都能获得一种自我延伸的能力。网络越大，这种潜在的延伸能力越强。我把这种促进延伸的能力视为"连接力"。

在一个没有边界的生态型组织中，腾讯的价值和角色在于：作为一个"连接器"搭建起新时代的新型基础设施，通过提升"连接力"连接更多的合作伙伴，也帮助合作伙伴延伸自己的"连接力"。

一直以来，腾讯的"连接力"通过微信、QQ等连接平台，以及浏览器、应用宝、手机管家和地图等连接工具表现出来。4年来，腾讯一直希望借助"连接力"搭建真正为创业者所信任的众创空间。目前腾讯的众创空间已陆续在北京、上海、杭州、武汉、厦门等25个城市布局落地，创业公司总估值超过2000亿元。同时，众创联盟创业基金超1000亿元，对外分成超100亿元。

每个合作伙伴既是这里的客人，也是这里的主人。腾讯所要努力的方向，是一方面以"连接力"服务合作伙伴，努力塑造更具多样性、更活跃紧密的合作伙伴关系，提升整个生态的竞争力；另一方面，我们通过"连接力"加速行业间的跨界融合，推动形成产业无界的新业态和新格局，让生态中的每一位合作伙伴都能因此受益。

3．"互联网+"可以赋能于最微小的个体，以新型生产力激发社会创新力。

今年以来，"互联网+"的影响力席卷中国。我感觉到，"互联网+"不仅在推动互联网与各行各业的融合，更是在连接每一个微小的个体。去年的政府报告中提到，微信已带动超过1000万人的就业。我也看到，有许多人成功地通过QQ群做起卖煎饼的小生意，也有个体通过写作、制作视频等多样化的形式参与到腾讯的内容生态中来。

许多案例表明，"互联网+"所促动的连接正在"赋能于人"，赋能于最微小的个体伙伴。当大量的个体相连，他们将可能具备超越个体本身的能力——不仅可以形成自己的个体品牌，更可能通过连接形成组织，发生各种形态的经济活动。作为最贴近市场的单位和社会经济的毛细血管，个体可以敏锐地感知用户的需求变化并快速作出调整和创新。

我相信，大量的个体创新势必激发整个生态乃至社会层面的创新力，这也是成千上万的创业者所激发出的力量。与此同时，无论是在宏观行业的跨界融合上，还是微观的个体能力层面，"互联网+"正在演化成为一种新型生产力，让创新不断涌现，并真正提升人们的生活品质。

5年前，我们不会想到如今的开放平台已经成为了数百万创业者聚集的平台，也未曾想到会有如此多的合作伙伴和我们一起共建生态。感谢大家对腾讯的信任！

展望未来的5年，我畅想着：用户可以更灵活地参与到个性化的产品和服务中，员工将在创业的环境中获得成长的动力和成功的喜悦，而合作伙伴可以从多样化的连接中获得更丰富的价值回报。更奇妙的是，用户、员工、合作伙伴三者的边界将可能逐步打破，形成一种"你中有我，我中有你"的共生长状态。这将为我们展开全新的想象。

你我同在，命运与共，方成生态。在下一个5年开始的时候，祝福我们共同的未来！

▨ 2014年马化腾在企业内部分享会上的讲话

腾讯善于做产品，世人皆知。但其实我们更多时候应该少提"产品"和"功能"，多谈"服务"和"特性"。我们要少谈，我要一个产品，它要包括哪些功能。应该多想，我要提供一个服务，这个服务有哪些特性，它的整体服务流程是怎样的，它的整体服务成本是多少。我举个例子，以一台ATM机为例。

第一个问题：ATM机提供什么服务？ ATM机的核心服务：取现金。

第二个问题：一台ATM机的设计，有哪些特性？ 在这个问题上，很多产品经理经过深刻观察与思考之后用专业态度来回答：ATM机的前端界面，是公司形象，还是操作提醒；从第一次操作，到拿到钞票，需要几步达成；提醒应放在哪个环节，是用声音提醒还是字幕提醒；先取卡，还是先取钞……

这些特性，叫显性特性。ATM机，还有关键特性，是隐形特性。比如，一台ATM机里要放20万现金。也就是说，如果一个银行提供100台ATM机，那么他要把2000万现金放在外面。所以，看似ATM机分流了银行的营业压力，提升了品牌曝光率，同时也分流了公司的核心资源。因此，如何统计数据、同步数据，支持决策，让ATM机发挥战略价值，同时不让资金过多闲置，是一台ATM机应有的隐形特性，也是核心服务。

第三个问题：一台ATM机，服务的全流程是什么？

作为一个用户体会到的一台ATM机的服务是：查卡、输密码、输金额、取钞、打印凭条、退卡。如果有问题，拨打服务热线。

作为一个ATM机的服务提供者，为了让用户持续稳定地获得上述简单的服务，日常操作性的服务流程包括：

现金管理：保证ATM机里随时有钱。包括收集数据、现金出库、运送等复杂流程。

硬件管理：电源工作正常，打印机工作正常，打印机的纸、油墨耗材正常等。

客服管理：遇到客户问题或者投诉的处理全流程。

这时，我们回到更重要的问题——战略问题。银行为什么要提供ATM机的服务？

一是为了分流营业网点的取现压力，二是为了更多的品牌曝光机会。

因此，每一台ATM机，对银行这个服务提供者来说，必须具备战略价值。这就是数据统计的运营意义，不单纯是让管理运营的人知道，某台机器没钱了，再不补现金进去，客户要投诉了。还要通过数据了解，这个服务点的设置，是否有足够的客流，是否达到战略要求。该增加服务，还是裁撤这个网点。因此，我们觉得像空气一样简单的ATM机，正常运转的背后，有7个以上的岗位在保证它的持续稳定服务。

如果以每次取款会有2元的收入计，一台ATM机的总体成本回收期大约是10年。

过分强调显性特性的，是初级的想法。过去，我最怕的就是听谁说，我们要改版了，新版哪天上市。显性特性很重要，但是显性特性救不了你。把核心资源与时间放在一次次优化显性特性上，基本上是互联网初级从业者的狂热症。

不能由衷地有兴趣、有热情地研究用户，我们的产品经理就没机会长成产品专家。我觉得腾讯内部要以"服务"来定位自己做的每件事！

我们很多人觉得自己是乔布斯传人，大神的子孙。会以自己为中心，以自己的认知和感受来设计一个产品该是什么样子。而腾讯，最应该谈的是服务。

服务是以服务对象的需求和满意度为中心来定义所做的一切。

放下自己，研究服务对象。如何研究我们的用户，我们的对象，我们应该有一套科学的方法及硬性指标。

我们的每个产品经理每个月是不是要做10个用户调查，关注100个用户博客，收集反馈1000个用户体验？我觉得，是非常有必要的。怎么做？可以通过我们自己的反馈工具，或者通过像问卷网这样的第三方平台。

❌ 2013年5月马化腾发表于《新商务周刊》的文章

腾讯早年错失了电子商务与搜索业务，做得最早、最擅长的业务是即时通信和网络社区，在这个领域迈入移动互联网化的时候，腾讯理所当然是最敏感的。但我们也感到万幸了，坦白说也惊出了一身冷汗——不管一个公司有多强，在移动互联网大潮面前，稍微疏忽就会翻船。

很多公司好像很强大，其实都有不堪一击、很脆弱的地方，所以要抱着对行业演变的敬畏之心，战战兢兢地做好每一件事情。看到任何新的商机，能够从平台、商业化和我们合作伙伴以及如何共赢的角度去考虑，才有可能长期生存。

微信的成功是外界给腾讯的移动互联网船票，我们还是很担忧，因为现在仅仅是张站台票。我们能不能坐到终点不知道，是一个人上去，还是一个团队上去，不知道。而且很多人往上挤，是和睦相处，还是最后打起来了，也不知道。我们对未来充满了未知，但是我们仍然很有激情，很有兴趣去探索。我觉得美好之处在于未知，但我觉得最关键的是这个行业是蓬勃发展的，很多人都有机会一起上这条船。

今年是变化很大的一年。我们从去年就已经看到互联网服务完全被颠覆了，到今年第一季度就更明显了。比如，腾讯的核心产品QQ，活跃用户近8亿，现在通过手机上QQ的用户有5.5亿。腾讯的很多产品和服务，通过手机接入的比例有50%—70%，完全不同于过去。移动互联网浪潮不但来了，而且是压倒性地来了。

目前绝大多数互联网公司的商业模式和收入来源，还在互联网上，这中间的鸿沟很大，但也蕴藏着很大商机，甚至是一次洗牌的机会，这值得今年所有的从业人员更加关注。我相信，不仅仅是互联网行业，还有广告、电子商务、O2O,更多创新的商业模式会涌现出来。

在移动互联网浪潮里,很多事情我们做不了、不该做,也不能做,要靠合作伙伴参与。我们过去在互联网时代已经成功地证明了这一点。两年半前腾讯推出开放平台,那时候主要是在 PC 的 QQ 空间。早期我们做了 QQ 农场,使别人没有生意做,但之后很快就退潮了,接踵而来的是众多合作伙伴的产品和社交游戏的内容。

原来我们内部团队想开发,近水楼台先得月,应该先做,但我们最终发现,开发产品的时间成本和社会成本非常高,最终在我们的平台上,前几名社交游戏全是外部合作伙伴开发的,没有一个是腾讯的。

在微信商业化方面,游戏娱乐仅仅是一部分,未来的重点更多,包括 O2O、线下商家甚至个人都会成为内容和服务的制造商,通过微信接入。这些商业模式和生态的演变,才是我们关注的重点。

微信用户的体验是最重要的,开发者在第二位。如果把开发者的游戏产品放到平台上,发现损害了用户体验,怎么办?已经签了合同不能违约,但不违约就损害了用户体验,这让我们为难。所以,我们不希望还没有摸清楚情况就开放平台,而是先内部测试后再逐步开放。

腾讯创业十几年来,最大的机遇来源于跨界融合。20 年前,腾讯做的是通信行业,但那时是通信行业中比较懂互联网的,互联网中比较懂通信的,所以当时我们感觉有商机,但不知道是什么。当时叫互联网寻呼,后来才有移动电话和短信。所以,当时 QQ 正式的中文名称叫"网络寻呼机"。

之后寻呼机这个产业消亡了,网络寻呼机变成了 QQ。现在回到移动通信,移动互联网浪潮又来了,我们发现微信又回到通信和网络,又一次融合。跨界融合有很多机遇,这也许是腾讯的独到之处,是值得挖掘的。

在互联网领域最早做开放平台的是 Facebook,之后是苹果商店实现了"软件+硬件+服务"的结合,再开放给开发商,这个体系非常成功,也很有生命力。这两个案例是全球的经典案例,让很多国家的本地互联网服务提供商都开始思考开放。

当时在即时通信领域全世界没有一家公司开放过，所以我们发现用即时通信转向开放这条路难走，但也发觉一定要走，不走就没有前途。任何一个大的互联网企业发展到一定程度都会思考开放的问题，这不是选择题，而是必然的趋势。

2009年，我们就看到开放平台的趋势，腾讯内部开始讨论怎么做，但是难度很大。一是集中转向社交网络有一个跨度问题，二是用户隐私和用户的关系链。原来的即时通信是紧缩的，就是看不到好友的好友，所以要做社交图谱会遇到困难，必须要很谨慎地去尝试这样的新生事物。另外技术开发难度其实相当大，当时我们还不具备这个实力，所以做了两年的准备，但是方向已经定了，我们在积极研发，到2011年才正式推出开放平台。

移动互联网给了腾讯和亚洲其他的互联网公司一个千载难逢的机会，我们第一次不仅可以和美国站在同一起跑线，甚至还领先于美国的互联网巨头。这里不得不提到Facebook，他们现在遇到我们过去同样的问题，转向移动互联网时，受到传统互联网资产的牵绊。

这次即时通信的浪潮是在亚洲国家先兴起的。虽然美国也有，却是很小的公司。有一些公司非常成功，但是更偏向于通信。亚洲国家的互联网企业把通信、社交和平台化三者融为一体，第一次领先了全球的创新。将三者结合最早的就是微信，微信引入了朋友圈、公众账号和平台化的"类APP模式"，这是全球第一个，我们感到很兴奋。

我们甚至觉得未来的互联网世界，可以不需要域名，不需要注册网址，只需要有一个号码，用二维码一扫，所有的服务都可以提供。

难道这么好的创新机会就落在中国了吗？我们有时候会怀疑这是真的还是假的。前不久去广州跟微信团队的负责人张小龙畅谈的时候，谈到这一点我们都很兴奋，好像发现了一片新大陆，发现了新元素，发现了新科技。但是，又怀疑有没有这样的实力，有没有这样的技术水平，承担这种可能性。但我觉得有梦想就是很好的开始，我们希望有机会在中国做领先世界的创新。

我觉得每一个人,甚至每一个物体,你关注的每一个对象都可以随时随地便捷地访问、获取资讯。当然也要完善隐私保护的法律基础和规则,因为信息过载也是移动互联网发展带来的弊端。

你会发现,你被移动互联网绑架了,每天早上醒来一堆信息轰炸,自以为效率很高,但是发现失去了什么,甚至视力下降了,我们要反思会不会带来别的问题。我们不是说要抵抗潮流,关键是怎么在潮流中更加健康地使用移动互联网,才能继续持久地发展。

⊠ 2013年7月马化腾微博发布的《创业者写给创业者的一封信》

亲爱的合作伙伴:

这个盛夏,我们刚好一起走过了两年的开放之路。

腾讯开放平台白皮书的大量数据表明,开放平台已是用户与内容、用户与开发者之间互惠互利的最佳桥梁。这两年,腾讯开放平台出现很多很有意思的互联网应用,深受用户喜爱,不仅获得收入,也给腾讯带来了增值,取得了三方多赢。

过去的一年,为了快速响应用户需求,腾讯调整了组织架构,我们需要从大公司变成小团队,全面拥抱移动互联网,打造优秀的产品和平台,创造对用户有价值的整合服务,重塑小公司的创业特质和创业激情。

所以,在开放两周年的今天,我想以创业者面对创业者的方式,和大家分享几个感受:

一是创新思维。互联网的竞争生死时速,用创新的方式去突破,才具竞争力。

在PC互联网时代,QQ首次把通信、社交、平台化三者一体地建立起来,这是我们亚洲互联网企业在全球互联网行业的一次创新。在移动互联网时代,微信引入朋友圈和轻APP的模式也是全球第一个。我们觉得未来互联网世界或许不需要域名,不需要注册一个网址,只需要一个号码或二维码一扫，所有的服务都可以提供和实现。

创新，才是我们永葆青春的方式。

互联网从来不论资排辈，没有先来后到。无论是应用还是平台，无论是员工还是管理者，都应该敢于挑战、勇于试错。正是因为不断地尝试，经历过失败，才能深入学习，才能宽容失败，才能理解多样性。新的挑战带来新机会和新活力，实时激发我们个人及团队的灵感。

二是创业精神。有志向创业或准备创业的同学，常常思考这个问题："我适合创业吗？"选择"创业"，其实是选择了这个生活方式，与你所在的家庭、职位、平台、环境没有特别大的关系。发现自己的兴趣、渴望、理想，专注地去发挥自己最擅长的那个部分，就是有梦想有行动力的创业者，在哪儿都能创造和贡献自己的价值。这也是我们国家我们民族重点倡导的创业精神。

在腾讯开放平台百万开发者中，我们看到个人创业者达到70%，中小企业超过96%，小而美的中小团队服务着3亿用户，创新创业的风气深入人心，创业精神已成普世价值观。

最近和创业者接触，我也常常被问这样的问题："这是最好的时代吗？""现在创业还有机会吗？"不少媒体和创业者曾认为，腾讯、百度、阿里这些大企业的存在使中国的创业机会减少，创业的风险和成本很高。

我们知道，创业不是件容易或轻松的事，中小企业在产品、资本、人才、管理、品牌、营销等方面的资源十分有限，却要与大公司直接竞争，人们都用"九死一生"来形容创业的艰难。幸运的是，我们遇上了开放平台。开放平台提供一个无风险零成本的创新创业机会，大大地降低了创业门槛，还提供了丰富的资源，创业成功率翻倍。

开放的移动互联网，衍生出了新的商业模式，是2013年最受关注的创业机遇。通过微信公众平台、QQ生活服务平台，所有的线下商户、个人、草根团队已能成为内容和服务供应商，真正迎来了创业者的春天。

三是创造价值。用户价值，是互联网产品的立身之本。

从QQ的第一个产品经理开始，我们就坚持用户价值至上的原则。当腾讯做开放平台的时候，我们不仅关注平台对开发者、创业者的价值，关注应用内容的健康度，也关注着整体产业生态链、创业的生态圈。

比如，一边提升社交平台的增值服务，一边发展社交平台的广告模式，同时做好全程的管理和协调，才能确保用户、创业者和平台之间的利益长期均衡。

共创美好新生态是期许，更是承诺。

未来，我们是永远的合作伙伴。创业者与腾讯有更多的合作空间，不断地实现产品互联、业务共享、多网互动或内容互相授权。

未来，我们有所为有所不为。一方面，在专业领域深耕细作，打造最好的用户平台；另一方面，培育产业链，让更多的腾讯合作伙伴走向成功。

未来，我们进一步开放思维。向互联网产业的更高境界迈进，共同构建一个跨屏的、跨界的新生态系统，与各位合作伙伴一起培育这片森林。

互联网的明天，承载着10多亿用户的期盼，我们创业的蓝海无限。希望所有合作伙伴与我的同事一起扎根中国，放眼世界，拥抱变化、拥抱未来，创造有价值的互联网服务，让亿万用户生活更美好！

因为我们正青春，我们有激情有兴趣去探索，我们有理想有信心再携手。

2013年10月马化腾在内部会议上的讲话

与过去的十五六年相比，最近这几年互联网市场的变化非常快，我们是怎么应变的？我们首先回顾一下最近的几次管理干部大会：去年对组织架构做了相当大的调整；下半年又提出了精品战略，今年上半年我们对管理干部提出了激情、好学和开放等要求。

这一次的管理干部大会，我们仍将坚持过去一年半的基本原则，也就是顺应"打造精品、拥抱移动互联网"这个非常明确的潮流。

最近这两年，我们好像又回到了15年前激情燃烧的岁月，我们做了15

年，从零开始打造的工具、平台，从一个没有商业模式的产品，逐渐成长为拥有丰富商业模式的产品。从头推翻，重新来一次，这个过程也是很让人激动的。

对于在座的各位，今天是好的时机，让我们有机会重新来一次，这个过程是一辈子都很难碰到的，我希望大家能有更紧迫的使命感！

再看看我们最近比较大的动作。我们最近和搜狗达成了战略合作联盟，这对腾讯来说是从未做过的事情，就是把我们的一部分业务"嫁"出去，和一个曾经的竞争对手结合在一起，合为一体。这个事情到现在还没有完全整合完毕，这毕竟是腾讯没有做过的事情。

为什么大家认为很突然？因为相当复杂，这个领域的竞争对手很多，所以任何的泄密都可能会造成整个事情做不成。这个事情结束得很快，所有事情都发生在一个月之内，真正执行只有两周时间，甚至对于总裁办，也是提前两三天所有人才一起沟通。整个事情我们觉得比较神奇的是居然保密成功了，互联网时代是很难保密的。

腾讯从来没有做过这样的事情，对很多员工来说是很大的震撼，有很多人不理解，也有人彷徨。我们首先要从大的方向来看，这件事情是正确的，我们应该做。但我们怎么做？怎么能够持续让腾讯的企业文化关注员工的心情？从另一个角度来说，对于搜索线的同事、干部也要有更开放的心态，其实并不是远离家乡，你可以理解成被派到一个合作伙伴或者是分支机构去工作，我相信，在未来人才还是可以流动的。大家还是要抱着可上可下、可进可退、可内可外的开放心态。

这一次不仅是搜索线，我相信对其他业务板块、干部也一定会有所启发，腾讯还能做什么？我相信很多同事在这之后会思考很多问题。这是在"518"之后又一次在组织结构方面比较大的变动，它一定会带来思考。

以前，不少同事会抱怨，公司很多东西该变，但变得太慢，瞻前顾后，考虑的东西太多。不变的话，像行业里的诺基亚、黑莓等公司到最后怎么样？拖着，拖着一个又一个季度，最终还是不行，非常悲惨的过程。

　　我们希望在这个动荡的行业里，我们一定要主动求变、主动应招，有问题尽快解决，拖3个月、半年、1年，慢慢就会积重难返，谁也救不了。所以，这个心态大家要统一，在执行的时候、遇到问题的时候，大家要抱着坚定的信心，比较正面地看待问题。主动变化往往会好过一成不变、束手无策。

　　刚才也说了，行业往移动互联网方面走，这是大趋势，我们要因势而变，我们要不断从内部组织结构、产品关注度，要从过去PC、手机相对分隔的状况走向统一。"518"之后我们做了很多调整，但还不够，还需要很多调整。

　　比如，最近我们把手机安全和PC安全整合在一块，放在MIG（移动互联网事业群）。在这背后，大家看到MIG做了几次"手术"之后，开始重塑MIG的核心使命，管理干部重新规划职责。现在在安全方面，整个"国防"都放在MIG，这也是公司的重点，也是为腾讯下一个10年移动互联网商业模式保驾护航，这非常非常重要。不能有任何侥幸心理让你缓一缓，或者不去想，这个挑战大家要牢记在心中。

　　因此，所有的产品线都应该积极思考怎么样带动安全的份额，怎么样提升安全领域的专业能力和形象，这是希望大家永远要想的问题。这和人类历史上国家和地区的发展一模一样，没有什么区别，安全性始终是安居乐业、商业发展的基本。

　　在这样的市场环境变化情况下我们的人怎么样才能打赢这场仗，怎么样才能走得更好？对人的要求很重要。我们提到要有激情，要好学，要开放，我在这里不一一展开，但我想说的是，从很直观的感受来说，我们很希望所有管理干部都是非常饥渴的。

　　要解决这些问题，你真的要当成是自己家里的事情，要有很紧迫的使命感才有可能做得到。如果说十几年过去了，很多同事加入公司的时间也很长了，慢慢、慢慢地"疲"了，应该主动积极地把位置让给下一代更主动积极的团队或干部。

　　有些业务做得不是太好，回头看不是钱的问题，不是资金或资源没有给够，最关键的还是团队的精神。尤其是带团队的将帅相当重要，真的会有将帅无能累死三军的感觉，下面的同事会很失望，觉得公司为什么决策这么慢？为什么没有发现问题？如果继续下去能看到改变吗？

在这种情况下，我们看到传统行业会有资金密集型扭转的机会，但移动互联网基本不太可能，因为这个市场不是拼钱，也不是拼钱去买流量，更多的是拼团队，有没有使命感，有没有紧迫感，有没有很好的办法去解决？

我希望打破过去"富二代"的概念，希望大家成为"闯二代""创二代"。资源会给你，让大家的起跑线好，但最终赢不赢一定取决于你能不能做出精品，是不是 Be the best（做到最好）？我们提供很多资源给你，只是加法，别人产品是 100 分、你是 80 分，我只能给你加 100 分的资源，头一两年你的总分多过别人，但是 5 年后呢，100 的 5 次方超过 80 的 5 次方加上 100，时间拖长了你加的那点资源就可以忽略不计，最终还是靠产品本身的质量才能和别人比。这已经多次证明了。

因此，我们希望重新整理过去的很多布局。很多业务摊得很大，下面管得越来越多，却什么都不放，这需要重新思考，10 个都弱都不如 1 个很强。否则一堆做不起来的东西，只能减分、分散精力。

后面可能还会有很多变化，包括我们在产品方面要加强思考。真的要下决心，做不好的我们要砍掉，关停并转手。有些业务，以前自己做的，可能会转给投资公司，只要他做得好，持有的股份 30%、20% 都可以转给他，不一定全部都放在自己手上。

最后，我们希望更加精兵简政。今年招聘了 1000 多名毕业生，总人数增长控制在 10% 以内，明年增长控制在 5% 以内。我相信有很多项目会腾出人手，大家内部挖潜，不要说我的人就这样，我不想动，为留人或闲着而找项目做，不是真正从本质的需求出发。该调转、该调拨的，大家要有大局观，该放就放。

当然，从历史来看，这个事情从来不容易，需要 Push（推动），甚至抓着执行才有办法。我希望大家从今后开始要真正想这个问题，人不是越多越好，人是分母，成绩是分子，我们看的是最后效果是不是好。加的每一个人，每一个精心挑选的人才能真正大于原有的平均值1，否则小于1的话，加得再多也永远小于1。永远大不过1的格局是很难、很难扭转的。

产品和业务能不能有起色？前面的启动过程是非常、非常重要的。我几乎没有见过历史上一直不行、一直不行到最后突然间就行了的产品。一开始团队要展示出信心，要展示出CPU（中央处理器）的转速超过别人，如果你是精品，最后加东西才有可能是正面的，否则转速低之后加东西永远是拖累。这是相当深刻的反思，希望与大家共享，希望大家在之后进行适当的调整，和公司的这个原则能够更加有共鸣。

希望大家能够拥抱移动互联网，移动互联网和PC互联网将是一起的，我们并不是轻视PC互联网，因为我们很多的商业模式，包括团队、基储后台很多都为一体！也希望大家更多地拥抱开放，尤其是内部开放，很多团队在内部的合作方面其实还有很多提升空间。术业有专攻，有的产品和范畴很多同事很擅长，希望大家能够积极开放胸怀，一起把事情做好，大家好才是真的好！

☒ 2013年10月马化腾参加会议时的讲话

从PC时代到移动互联网时代，网民和终端的数量可能多了1倍，但是最关键的是网民的上网时间。过去在PC上，平均下来一天2.8个小时可能已经到头了，已经是很长时间了，但是手机呢？睡觉时间扣除以外，大家可能会每隔一段时间看一下，上网时长远大于我们过去的PC时代。而且，这个变化就在这短短一两年里发生，移动互联网不是PC互联网简单的延伸，它有可能大大地超越之前的想象。

移动互联网的商业模式现在虽然不清晰，但是也正在快速地变得清晰的过程中。我们看到这个浪潮很兴奋，但是又很担忧。你不做呢，肯定是死，做了呢，可能移动商业模式滞后，叫好不叫座。现在整个互联网行业超过90%以上的收入还是来自于传统的PC互联网，但是超过一半的用户量和使用都在移动互联网上，怎么办？Facebook的移动端的广告收入占了40%，这是给大家一个很强的信心，就是你叫好也叫座了，我们必须勇于去探索。

微信，我们对外不再讲总的注册用户数了，现在近3亿是讲的活跃用户数，而且大家已经不是太看重这个简单的数字了，而是把眼光投向了海外。现在我们有超过1.23亿的海外注册用户，这是一个非常让我们惊喜的成绩。虽然还有很多竞争，但是它已经是中国互联网、甚至是中国第三产业的第一次走出国门。

开始时我也是觉得很意外，因为以前很多时候服务产品国际化不成功，可能会归咎于文化差异、语言不通。现在看来，产品如果真正做得好，这些都不是问题，我们也没有听说过iPhone适不适合亚洲人。真正好的东西是有普适性的。比如，在阿拉伯国家，90%的用户是使用阿拉伯版本，10%以内的用户是用中文版本，开始可能是华人带动在使用，但是很快就变成当地人在用了。

当然，也有很多挑战。比如，中国这个标签还是有竞争对手故意来抹黑。之前曾给我们代言的越南明星都不敢承认，说没有给我们代过言，没有媒体敢帮我们说话。这时候，我们也只能是入乡随俗，比如有的国家对宗教很敏感，或者是对国王很敏感，诸如此类的。我们和国内有关部门也进行了多次沟通，也都获得了理解，表示非常感谢。因为大家都明白发展是第一要素，也希望以后在"走出去"方面得到更多理解和支持。

什么行业可以用互联网的思维去做？有很多，O2O是，金融是，物流也是，文化产业就更多了，甚至连小米这样的硬件厂商也是。相信很多传统行业都会慢慢感受到互联网化的好处，用互联网思维去做，它已经不是一种新经济了。

就像以前人讲的，用电就是新经济，不用电是传统经济，现在没有人这样说的，这已经是标配，你不用了就是死掉。这些变化，可以一点一点地改变各个行业,包括提高效率、降低成本、增加和用户的接触点、提高商品流通的准确率,等等。

比如,具体到电信这个产业上,运营商面临冲击怎么办?似乎拥抱这个潮流是最好的,相信商业模式也并不绝望,很快就能找到出路了。比如,4G上了之后,一个视频几百兆就没了,可以支撑运营商的每个用户支出。

所以,落实到政策,我们期待基础设施要投入、4G牌照早点发,这些疑虑打消了之后,对通信行业也好,对我们的互联网服务提供商也好,对用户也好,都是一个很重大的决定。国家不投入或者比较晚投入这些基础设施,落后人家的话,这个损失真的是数倍于投入的钱。比如印度,我们投资了好久,但是很郁闷,因为那里基础设施太差了,我们等了10年了,但印度的互联网设施这块真的变化不大。

其实,我们需要政策助推的地方还有很多。比如我们行业的主管部门是工信部,但实际上我们跟所有部门都有关系,跟出版总署、文化部、公安部、银监会、证监会、保监会、广电总局都有关系,非常期待国家的政策和法律法规方面能够更快地发展。

☒ 2013年11月马化腾参与腾讯内部活动的现场访谈纪实

提问:小马哥您好!每个人都曾经历自己的青春岁月,当您步入会场,面对这样一群朝气蓬勃又激情四射的年轻人,此时此刻您内心最大的感触是什么?我们经常在福布斯排行榜上看到您的名字,如果说每天早上叫醒我们的是梦想,叫醒您的又是什么呢?

马化腾:第一个感受就是老了。因为我是1993年大学毕业,到现在已经整整20年了,所幸的是我们这个产业还是非常年轻的。我记得和很多朋友聊过,我最担心的是不能像年轻人一样去关注产品和互联网服务(比如说像20世纪90年代用户使用互联网时的体验),如果这样的话将会失去很多对新产品的感悟。腾讯需要年轻的同事们能够密切把握主流用户的喜好。

谈到梦想，一直有强烈的使命感在督促我，特别是最近这两年互联网行业风起云涌，这使我每天晚上都会和同事在微信群里讨论到很晚。尤其是移动互联网让所有互联网的从业人员又焕发新的兴奋点，越来越感觉到紧迫性。

所以，很多团队的动力来自于心中的梦想，或者是公司其他事业群、部门的需求，或者是一些好的idea（想法）在不断地推动他们往前走。其实，我们好的创意有很多，最难的就是怎么把它用最优雅、最完美的方式呈现出来。所以，也希望我们毕业生们多思考优秀的创意，并思考怎样把创意最完美地表现出来。

提问：从公司最初成立到5位创始人的凝聚，再到通力合作，一步一步地解决迎面而来的困难，这个过程可以说非常艰辛。小马哥，创业初期有没有什么特别难忘或有趣的小故事，想要与我们分享呢？

马化腾：我曾在一家做寻呼机服务的通信公司工作了近6年（那时还没有手机和短信，流行的通信工具是寻呼机）。当时我有一个想法，希望传统通信和互联网结合起来，预感那一定是个商机。所以我做了互联网寻呼系统，我的另一位伙伴Tony在另外一家公司也做了这个系统。

在国内做这个系统的有很多家，而深圳只有我们两个，这确实是一个创业机会。起初，我们没有考虑太多，创业后发现市场很难做，并不那么容易。我们都是程序员出身，没有做市场的经验，更多的是写商业计划再去投标。当时连产品都没有，中标以后再写软件。这期间接了很多业务，包括帮别人做网页设计、写软件等，当时非常困难，收入只能勉强够几个人的基本生活需求。

QQ也是其中一个项目，有了一个投标项目我们就赶紧去做，先把投标书完成，软件一行代码都没写。当时只有两三个人编写QQ后台和前端软件，大家知道我们写QQ客户端的第一个程序员是谁吗？就是腾讯ECC的CE O Free，负责后端的是一位现在已经离开公司的同事。

当时我做产品经理,我来决定要做什么、不要什么,搭起一个简陋的框架,非常艰难。每天早出晚归,以至于刚开始工商局过来调查这个公司,上午来看到这个公司是没有人的,看到留的纸条,觉得很奇怪。当时工作状态就是这样的,工作不太规范,具体就是干活,大家走得很晚,晚上12点钟大家走了以后我负责打扫卫生,倒垃圾、擦台子……第二天再重复。这便是开始时最艰难的创业阶段。

提问:创业的道路很艰辛,也多姿多彩。最近小马哥一直在强调第二次创业,我们想知道就第一次创业而言,第二次创业有什么经验可以复制吗?

马化腾:我半年前还说移动互联网的商业模式不清晰,最近半年感受到商业模式逐渐清晰了。现在很像15年前公司刚创业的前一两年。那时候刚开始投入有线互联网,当时有线网民才300万,如今已经是几个亿的移动互联网用户了。

最近这一年我感觉到什么都要从头建立,先建用户、支付,再建内容、产品和服务,慢慢搭建起来才有收入,这个过程和过去十几年一步步走过来时很像。

我当时觉得,大不了大家再全部重来一次,我们都很有信心,也很有兴趣。未来1—2年的很多商业模式都是全新的,都需要我们摸索,这也是我们身处于这个产业最充满挑战性的一点。

提问:相信很多毕业生都和我一样,从封闭培训到入职,在公司里时刻都感受到"正直"的存在。您一直提出要重视"正直"这个价值观,为什么觉得"正直"应该是腾讯人的第一DNA呢?

马化腾:"正直"确实是创始人团队始终坚持的价值观,摆在第一位是因为公司出问题更多的是从内部出问题。我们看到很多传统企业或多或少都有这些问题,我们看到的公司解体都和这些有关系,就是内部政治化,导致管理出现漏洞。公司要长期发展,战略要推动和执行,基础非常重要。

我们也都知道水至清则无鱼,只能尽量让水清澈而干净。有污染、有问题的时候早点处理,不能让它放大,甚至是有意包庇。我希望大家抱着正直的心态做每一件事情,你有真材实料,在公司的待遇和发展前途绝对不会差的。

我们强调的是君子爱财,取之有道,凭自己的本事来创造收入,但对于漠视周围所有同事的劳动成果,依靠自己的管理岗位谋取个人私利的行为,公司绝对不会手软,这是公司始终强调的内容。

図 2013 年 11 月马化腾在中国企业家俱乐部理事互访 TCL 站"道农沙龙"上的演讲

邀请我来这里是很好的机会,能跟各位企业家聊一聊,其实也不是什么演讲,最主要是希望能够跟大家互动交流,提出很多的疑问想向各位企业家请教。

最近的一些话题其实挺热的,包括"三马同槽",现场也是有点火爆。主要是郭广昌,刚开始说不讲敏感话题,后来也讲了,所以很精彩,像平安传统金融和纯互联网,有很多的激烈碰撞。所以今天也想借这个机会把腾讯和我的观察和体会跟大家分享一下。

很多人说腾讯是最早拿到移动互联网门票的公司,其中指的就是微信,很多朋友都用了。微信的确是唯一一个在手机上开始做的,并且是以手机为主的产品,这在以前是不多见的。以前一般都是在传统互联网上做好,换掉屏幕,转到手机上,所以这个路径跟之前完全不一样。但为什么反而特别有魅力呢?因为这个产品让我们看到很多独特的体验。

它充分利用手机和 PC 的区别,就是把人们用计算机的终端变成人随身的一个"器官"。以前 PC 还不能称之为"器官",离开电脑,站起来就脱离了,只有手机是跟着人体一起,连在一起,内置的摄像头、传感器、麦克风都可以成为人们在网络世界里面的眼、鼻、口、耳,甚至你的触觉跟颜色,通过互联网把你和朋友连在一起。即使我们有手机 QQ,但是它有一半用户在 PC 上,一半用户在手机上,只有微信是完全基于手机来开发的。

以前我们做产品，肯定要有在线、离线头像可以看，你也看到微信其实没有在线、离线的概念，为什么呢？要简化它，一定是在线的，不可以离线。但里面又考虑了很多细微的区别，比如说隐私的问题，以前这个消息送达之后，你收到了还是阅读了，对方是否看到，这个功能我们可以做出来，但我们希望人们在便捷的时候，又保持一份隐私。

很多人建议说，发消息过去后，对方有没有看到，希望自己能知道。那是发的人爽，但是接受的人不一定很爽，对方希望这个东西还是保持隐秘，不希望太透明。这里面其实是很复杂的，不单是一个技术或者是一个软件的水平，很多是要靠对人性的把握。

从这个产品案例中我们可以看得出，即使是像QQ这样在两三年前就已经有每个月超过6亿多的活跃用户了，但是在这个领域里面依然有创新或甚至差点被颠覆的可能性。坦白讲，微信这个产品出来，如果说不在腾讯，不是自己打自己，而是在另外一个公司的话，我们可能现在根本就挡不住。

回过头来看，生死关头其实就是一两个月，那时候我们几个核心的高管天天泡在上面，说这个怎么改，那个怎么改，在产品里调整。所以，这也再一次说明，互联网时代、移动互联网时代，一个企业看似好像牢不可破，其实都有大的危机，稍微把握不住这个趋势的话，就是非常危险的。之前积累的东西可能就灰飞烟灭了，一旦过了那个坎儿就势不可挡了，这是我的一个感受。

我们再看移动互联网，有些人说移动互联网就是加了"移动"两个字，互联网十几年了，它应该是个延伸。我的感受是这远远不只是一个延伸，甚至是一个颠覆。现在看过去的PC互联网都已经不太算互联网了，移动互联网才是真正的一个互联网，以后甚至每个设备都能够连上网络，人和设备之间、设备和设备之间的通信全部连接在一块，一切都能连起来。这个还有更多的想象空间，现在还没到这个程度，还在慢慢摸索。

我们再来看我们的使用时间，以我们过去的统计来看，大概每个人平均用 PC 互联网的时间是每天 2.8 个小时，那现在的移动互联网是怎么用的呢？除了睡觉 8 个小时外，人有 16 个小时是清醒的。跟手机在一块，不太容易丢开它，未必是每分钟、每秒钟在看，但是有消息到达，就会使用手机，这样的话就是 16 个小时，再加上使用手机本身的时间，这要比 PC 多出 10 倍以上的使用时间。这里的空间我觉得是无比巨大的。

从 2012 年 7 月份，PC 的服务已经开始低于手机上的服务。不管是原有的 QQ、门户网站、微博、搜索引擎，包括 360，这一年来服务时长已经 10 倍地增长了。这一年甚至有 70% 以上的流量是来自移动互联网终端，但来自移动互联网终端的收入，从全行业看应该不超过 10%—20%。移动互联网的商业模式还不清晰，但是用户的使用时长多了 10 倍。

可以说，半年前我还是比较悲观的，我在很多场合也说，这个叫好不叫座，增量不增收。比如说搜索引擎转到手机上，排满了广告位置，没法排在右边，就那么一列。或者是游戏，在微信的游戏出来之前，传统的手机游戏其实大家也不觉得怎么样。这个市场没有人用手机玩游戏玩太长时间，付费欲望也不高，因为体验也不是太好，还是用大屏幕电脑玩游戏比较爽。

比如说打广告，手机流量这么贵，再加一个广告、一个大大的图、一个视频，实在不可想象。在 PC 互联网上这些都是成熟的模式，但在手机上却不敢这么做，把他们的流量转到手机上，白白降低了收入，这是很恐怖的事情。

Google、Facebook 也一样会面临这个问题。直到最近这半年看到 Google 和 Facebook 股价创新高，包括 Facebook 也是最近这一两个月才创新高，一下子从 25 美金到 50 美金，主要的问题就是大家终于看到他们在移动互联网上的收入模式开始显现，Google 来自移动互联网的收入增长加速，Facebook 好像也有 40% 的收入开始来自于手机。

原来脸书没有想商业化，Facebook 上怎么加广告？原来不敢做，没敢想手机上也能商业化，现在做了发现体验还不错。这里面还得做很多研究，比如说怎么加了让人不反感，这个数据出来之后它的股价开始上涨，从市盈率上给了很高溢价。

当时我都觉得很难商业化。脸书确实厉害，美国互联网尖端企业商业化了，后面的金融广告、社交广告的水平还是全球第一流的。它还真的做到了，当然这也得益于各种各样APP需要做大量广告的这种需求。甚至连外界的投资者可能也搞不太清楚，他们只是看到一个大趋势。我们有时候还更加担心自己，觉得还挺悲观的，这个也很有意思。

我们压力很大，因为股价被莫名其妙地哄抬得那么高。希望社会不要给我们那么大的压力，还是要长远地看。我觉得投资人能理解的就理解，不理解的就亏了，股价高低都不是我们关注的。

腾讯的股价为什么被炒得这么高？一是我们感觉资本市场给我们的期望很高，因为微信突出来了。微信出来之后，就两个月前，游戏又出来了，很多从来不玩游戏的人都痴迷其中。二是因为泄露了那篇文章《千亿美金下的反思》，外面的人说看了很震动。

我当时觉得很奇怪，为什么这么激进？大家的期望是寄托于未来，说移动互联网肯定很有前途，现在挣钱不多不要紧，关键是把这个事列入战略，以后肯定是有办法挣钱的。有很多的投资者也是这样的一个期望，希望把股价炒得很高，市盈率也很高，所以我们压力也很大。

我们也知道这是一个长期投入，很多的东西商业化未必那么快，但趋势是能看到的，这么多人用手机、用互联网的服务，这个东西不可能坏到哪里去。所以说，抱着一种长远的发展思路，现在该投资的还得投资，中短期的利润多点少点都不要紧，都是阶段性的问题。目前全行业都变得更加重视移动互联网。我们的文章泄露出去之后，不仅是阿里了，很多互联网公司都说要移动为先，一切都以移动来发展，都把这个作为下一阶段极其重要的竞争要领来看待。

为什么移动互联网的魅力远远不止这些？因为有了移动互联网，才第一次发现互联网其实跟很多传统行业的结合更紧密了。互联网颠覆了很多行业，像音乐、游戏其实也算被颠覆了，包括索尼PS，现在可能只有微软的游戏机Xbox大家还在用，其他的那些都已经没有人玩了。

媒体就更不用说了，电子书、网上资料、微博、微信，很多媒体都占去了大家阅读的时间。电子商务颠覆了零售行业，最近几个月互联网金融突然被炒得非常火热。

大家是不是觉得互联网怎么那么神奇？以前觉得还是新经济、虚拟经济，反正不是主流，现在好像变成主流了。我的态度比较辩证，我会觉得这个不是那么神秘，不会说，那是你们的行业，这是我们的行业，其实这中间是有很多的连通性。

前几天"三马"论坛，我去讲了一个观点：移动互联网是第三次工业革命的一部分。以前是蒸汽机，后来有了电力后对所有行业都产生了影响。有了互联网，每个行业都可以把它变为工具，都可以升级服务。

当然，有了互联网，玩法是不一样了。金融业在没有电之前还有银号，还可以记记账，有银票也能做。股票出现的那时候也没电，但也能炒炒，叫叫价钱，能买卖，有了电之后电子化，一样是升级换代。

有了互联网之后，我相信每个行业都会有升级换代的这种变化。有人称之为改良，我觉得改良肯定不行了，一定要有颠覆。要在这个行业内用互联网的方式做，你需要在这个行业扎得很深。

我们现在看到很多做垂直型电子商务的，比如京东做3C产品，唯品会做服饰，包括有人专门卖钻石的，看似它是互联网公司，实际上还是传统行业。就算只是用互联网的方式去实现，也一定要在这个行业扎得很深，知道供应链、货源在哪里，怎么做，服务怎么样，是不是很专业。

包括很多以前不起眼的，比如搜房网，现在不知不觉市值已经跟三大门户网站差不多了。以前觉得搜房网好像很小，但搜房几千人在不同的城市扎得很深。还有最近上市的58同城也是。包括还没有上市的美团，其实都要扎得很深，只不过是用互联网的方式去做。剥掉互联网的壳，本质上还是传统行业，看到的这些其实都是"又是颠覆、又是改良"的一种结果。

　　再看制造业，国内冒出的小米，做手机还能做成这样，它就是用互联网的方式来做的。小米的很多的软件、硬件加服务，粉丝经济，使用户高度介入生产过程，在微博上搞活动，很多人以为很简单，实际上这背后是用互联网的思想来做的，甚至说硬件不挣钱，靠服务、靠用户群。网络硬件是跟用户连在一块的，不是卖完就丢掉用户，不是一个简单的客服。卖完之后生意才刚开始。

　　很多的产品和服务，其实可以用互联网的思想去做的。最近好多案例都是用一种看似是有一些互联网精神的方式，请粉丝进行内测，测一测好不好用。其实这是口碑经营。高端用户才能试，口碑形成后慢慢在网上传开。包括现在美国很火的汽车特斯拉也是一样的，一看也是口碑经营，少数的高端精英用户才可以用。其实这个电动汽车深圳比亚迪不也有吗？

　　但是其中的思路又不一样。先做跑车，里面全智能的，全部联上网，你做什么事情，车要不要维修，全部通过智能手机感应，包括各地的充电桩都是用服务的形式去做，然后在网上形成口碑。这些都是互联网思想跟传统行业的结合，是很好的案例。

　　这些是我近期观察到的各行各业与互联网结合的一些点，也是一点感受，跟大家分享一下。很多人问潮流来了，以后怎么办？都知道该怎么变，但是好像做不到。因为有时候会跟自己目前的利益有所冲突。可能10年以后再回头看到底能做什么，不能做什么，或者说现在应该改变什么，可能会有更清晰的认识，但现在往往是人在其中没有切肤之痛，很难去放弃一些利益，去做改变。

　　我自己的感受就是，怎么给自己多一个准备，即使是另开一个部门、一个分支，调一些团队，做一些可能跟现有业务是矛盾的事。因为你不做的话，你的对手一定会做，还不如自己先试一下。

　　诺基亚曾经如日中天，2000亿欧元的市值，后来47亿美金就卖掉了。诺基亚曾经很坚持说一定不用安卓，它是别人控制的，坚决不用，但后来诺基亚衰落了。

微软也是坚持说要维护Windows还有Office，这是摇钱树，这两块是它最大的利润来源。当时不肯放弃，现在很被动。现在苹果刚发布了新版本，里面的Office软件全部免费。一招错，后面步步被动，还是要做软硬一体化。

就像我们当时推出微信的时候，手机QQ部门反对，虽然他们也看到方向了，甚至也有一个团队已经在做一个类似的产品。两个团队都在做，只是最后微信更受欢迎，手机QQ的团队失败了，他做出来的不好用。

当时推出的时候，我们的无线业务部门做出来的东西不如广州研发中心做QQ邮箱的团队做得好。那时候中国移动的数据部打电话给我们无线部门，这个东西谁做都可以，腾讯做就不行。因为我们有业务合作，在别的地方可能要受惩罚，不结算。

我们的第一个版本是没有做通信录匹配的，当时联通说你做了那个就触红线了，不许做，好吧，不给匹配。后来出来的东西就好像一个简版QQ，大家用着没意思。后来开始竞争了，国内已经有好几家推出了，我说不行了，即使被人惩罚我们都不管了，通信录要加入。原来我们导入的是QQ好友，后来再加上手机通讯录，这是个很丰富的实验。大家为什么一加入之后可以看到有好朋友冒出来，其实是通讯录匹配的结果。

然后是加了语音对讲，原来没有这个功能。我们就看着这个增长曲线，变平了，用的用户不用了，人家说不就是简版的QQ吗？没意思。直到加入语音对讲以后，用户数量瞬间就上去了。这个很高科技吗？不高科技吧，10年前我们在PC上就做过这个尝试，做完之后没人用就把它摘掉了。十几年前美国有一个运营商就是基于通信电路做的产品，但是那个时候是给酒店的门童拿到对讲机网络里用的，还没有用在日常。这叫通过移动电话通信网络来实现集群调度。以前大家就有对讲机集群，一喊就通。

以前我们觉得很老的技术，用在了移动互联网这个地方。以前在PC上语音对讲的用途太少了，因为当时QQ已经风行视频了，再加这个有什么意思呢？而且，你给我留了言，我不在线，再上去听你的话，中间对不起来，真的是像电话留言了，大家觉得没意思。反而在微信里面将移动互联网、手机结合了之后，大家发现它还比较实时，很快就可以收到，可以回应。而且也没有电话的压迫感这么强。你可以在忙，在洗手间，在睡觉，正在会议中；还可以是父母和你，一个在美国留学，一个在国内。

它有独特的魅力在里面。

同样的一种形式在不同的环境技术下它是很有特色的，而且这个也是过去的传统运营商做不到的。不管打电话也好，发短信也好，虽然短信可以群发，但互动之后只是回给你一个人，不是回给所有的人。跟你现在在群里面大家一起分享的感受是不同的。这种感受只有在邮件里才能体会到。这就是大家商业中都离不开的行为，这个原理就是微信的原理。为什么是我们广州的邮箱团队做出来的，因为它实际上就是个邮箱，它就是邮箱系统改造出来的。

又回过头来，这里面其实我们当时是做了一些伏笔的，现在回头看还真的有用。当时大家很难通过手机处理邮件，最好用的就是黑莓。我是好几年前开始用，用的是香港的号，香港的运营商开通的。现在黑莓比较悲惨，热的时候如日中天，连奥巴马总统都用这个，是高端的、商业精英的形象。

那时候我就在想什么时候可以把这个让老百姓使用，因为当时还不是用户主动去查邮件的，邮件是推到用户的手中的。所以我说，能不能基于这个把邮箱改造成一个客户端软件，我们希望普及化这个移动邮件。现在这个已经不神秘了，所以也难怪黑莓这么惨，从曾经价值千亿美金到现在是卖又卖不掉。

在一个温室里很舒适的情况下，危机突然间就发生了，当然这也给我们敲了警钟。我们摸了1000亿美金这个线，其实是很恐怖的，如果做得不好，真的能跌到只剩下几个百分点的市值，这是分分钟可能发生的，因为前面就已经倒下几个，好多都那么倒下的，尸体还温着，还是很吓人的。这个也是给我们的感受。

当时我们做了这个邮箱客户端,后来要做一个像简版手机QQ的版本,怎么改呢? 就直接拿这个,赶紧抽调这个团队的三五个人做这个,后端拿邮箱改造一下就出来了。只做手机的,很快,做了两个月。最后我们感觉跟发现新大陆一样,开始也觉得不如意,认为这个东西应该是补充。甚至在发展过程中,还出现了信息安全问题,还有摇一摇、查看附近等又成为什么交友工具了,赶紧给处理掉。当时中国移动意见很大,工信部压力很大。我就和工信部说,你不做别人就进来做了,如果能一声令下说威胁运营商的东西一律不准做,也可以,但手机QQ一直这么多年都在,这个是大势所趋。我们花了很多很多时间,到现在有的运营商想明白了,有的运营商还想不明白。

所以说我们做了很多,一路上都有麻烦,都有还没解决的问题。还没有安稳多久,现在就很多同类产品了,网易结合中国电信搞了易信,今天说是全网要免流量,说是送流量。前两天会议时我说我们当年跟旺旺竞争,当时的主持人郭广昌说,你就把"来往"当成一个移动"旺旺"而已啊? 我觉得这还是要跟淘宝自己的用户、电子商务相结合,"来往"的定位是用于商家和买家之间的,很难成为一个沟通工具。过去的PC时代已经完全沿着这样的路,15年后又再重演一次。

我们回头看,为什么运营商会对这些业务这么敌视,一年前我们刚好还投了一个韩国版的微信,我们问他们那边情况怎么样,是不是也是这样。一年多了, 和国内发生了一模一样的情况,韩国最大的运营商开始使坏,在网络上使信号断一下、网络断一下。公司公开这些数据给所有老百姓,说是被干扰了,没被干扰的话是很好。一公开之后,韩国网民就炸锅了。

人家给你运营商交了钱,凭什么断网,你这是违约了,最后还是类似工信部这样的部门出来叫停。然后几家运营商自己搞,也搞了个类似韩国版微信的团队,可就这么失败了。反正最好是天下大乱,可以重新划分界线。

所以,看到这个东西,全世界的运营商都是一样的本能反应,一样有这个过程,要闹,甚至有可能都会搞背后小动作,媒体再炒一炒,但最终都抵挡不过潮流,该怎么样还怎么样。不是我们做的话,也会有国外的竞争者去做,这是大势所趋。

在移动互联网还没有这么流行的时候,大家用的是物网,打个电话,后来,用的是电脑,现在是把用电脑的时间用在移动终端,用运营商的移动通信网络服务,运营商还要担心什么?至少是薄利多销,或者以后语音、短信完全免费,甚至在套餐里面随便用,其实只要经营流量数据包就可以了。因为谁也离不开你的数据流量,这个做得好的话其实每月并不会减收,完全可以经营得好,虽然利润率也没那么高。

再说,未来运营商和很多服务提供商其实还有很多合作的空间,软件硬件的服务和通信服务其实可以连为一体提供综合体验类的服务。我觉得这里面是有很多空间的,跨界的合作其实应该多想一想,靠以前的每一个细分领域去做,越来越不实用。现在软件硬件加服务要一体来做,就是这个道理。

在我们泄露出去的文章里,当时我们总裁提到一个说法:现在日活跃使用最多的APP除了游戏以外,的确是QQ、微信占头两名,第三是搜狗输入法,这个因为我们也投资了,所以我们算半个,第四是Q-Zone,是我们传统的QQ空间,这个在座的各位不用,但是年轻人很喜欢用,第五个是360。按日活跃数来看排序是这样。

我们为什么幸运地占了优势,就是因为手机的通信属性强,电脑更偏资讯、视频,我们刚好做了通信,占了先机。但是今后手机的功能越来越强、越来越大之后,其他东西开始出现了,包括微博类。微博类虽然算社交媒体,但它也属于传播类的,转来转去的,是广播型传播的通信。新浪微博在手机上的活跃度,还进不了前五,但是在前十以内。

我们看到移动支付最近起来了,现在看到阿里对这个是特别上心,他冲得很前。当然也可能是受了微信支付的刺激,一下子锁定了这个市场。听说是抽调了公司的好手全部扎在无线这个业务上面,要打造几个所谓的"门票",所以它的支付宝钱包是比较先进的。

这个其实是结合线上线下的，差不多两年前我就开始在业内最早讲这个二维码。扫码技术已经存在了好多年，但是真正有意思的，是在移动互联网特别是智能手机起来之后，扫码在微信里面先火了。

如果在座大家有印象的话，是火在什么地方呢？是火在我们推出公众账号之后，很多人发现公众号是有机会拥有粉丝的，就赶紧去经营。当时我们设了一个必须有超过 500 人成为你的粉丝才可以加 V，才会给你认证，大家就积极了，赶紧在新浪微博、腾讯微博，拼命传播微信的这个公众账号，帮我们做了大量广告，告诉大家什么叫二维码，什么叫"扫一扫"，怎么用微信扫，拼命宣传"请用微信扫一扫"，信息传播得很快。那之后我们的"扫一扫"就会使人联想到微信。

我当时跟业界说，PC 是用一个网址，但移动互联网扫码可能涉及线上基于 IP 网络世界跟线下世界的一个关键连接点，一扫就连起来了。一扫 3 秒钟你要的那个，完全无接触，就可以有很多很酷的体验。包括现在用手机，因为你一直登录着，有你的账号，在电脑上不在登录状态的，扫一下电脑就能自动进入，登录完毕。手都不用敲，就可以无接触式直接登录。

这些很酷的体验都是以前没有移动互联网扫码时做不出来的，我们率先做出来，这些体验是有一点颠覆性和创新性。现在竞争越来越激烈的，是移动支付。但电子购物没有那么快，因为很多人还是希望在 PC 上慢慢看，现在反而 O2O，包括携程、包括去哪儿，现在几乎已经有 40% 的下载量，甚至有时候到 60%。现在大都通过手机来操作，为什么呢？他本身需要这种服务，就在路上搞定了，不在电脑上。

那次见美团的 CEO 王兴，就问他现在团购吃饭到进餐厅要隔多久。他说以前是比较长，现在团购都慢慢团，只要 1 个小时。就在他去餐厅的路上找一下去哪儿吃就订了，1 小时内到店，到店以后就消费。这很快，都在路上就完成了，这个演变速度比我想象中快得多。手机游戏就更不用说了，也就在这两个月，大家突然间发现微信是用社交做手机游戏的。一天超过 2000 万人玩手机游戏，我们还没有试探出这个怎么收费。

前不久是一天有超过 2000 万人玩"斗地主"。原来我们有一款老游戏，是单独的一款手机游戏，叫《节奏大师》，音乐类的，已经上线 1 年多了，日活跃用户数为 70 万，一上微信后就变成了 1700 万。主要是加了社交，可以跟你的朋友比。但是这些都还是属于那种轻度的尝试，我们看到韩国、日本，其实是很早就已经在做这个，我丝毫不担心，这个很容易做成的。但是往后怎么发展，特别是深度的、重度的、大型的游戏要怎么开发，怎么让用户用，其实还不太清楚。

百度股价一度比较低迷，曾经跌到 80 多美金，最近到了 160 美金了。Google 也是一样，虽然它有安卓，有很多资产，但还没有体现出来。最近有移动业务证明了它的价值，股价就迅速起来了。一是搜索行为平移到手机之后，每千次搜索的变现能力会不会降太低，以前的数据很悲观，只有 1/7、1/10 的变现能力，很恐怖。现在开始慢慢上来了。

二是不了解手机用户是不是就不搜索了？直接有 APP 不就完了吗？确实存在这个问题，因为直接点 APP 好过在手机上打开浏览器搜索。我们现在看这个可能会有一半或者不到一半的人使用 APP，但是即使一半，因为使用时间多很多，薄利多销，这个盘子分母大，就算乘以 1/2，结果也不会很差，也不用那么悲观。

微信站内搜索其实很难，除非是语音，问问题，让它解答。传统的这种搜索搜资讯，如果没有标准 APP 的话，我觉得还是离不开浏览器的搜索，尤其是在手机上打开浏览器的这种操作模式，不会去打开一个搜索引擎。

穿戴设备最近有点火，但好像还打动不了我，原来我买了好多健康设备送人，结果发现连我自己都不能坚持去戴。虽然可以监测身体状况，但生病了几次，发现原来也就那样，就算了不戴了。包括智能手表这些，我都感觉有个手机就够了，智能手表没什么意思。我现在慢慢地冷静下来在看形势。

语音搜索也挺好的，但有时候会觉得也不是太好。比如说一个人说我要去干吗干吗，好傻，人一多我都不好意思这么说，而且也不私密，宁可按几下。我觉得按道理我应该是支持的，但总觉得，你讲半天还不如自己输入算了。这个目前在某些情况下可能可以用，但感觉离实用化还远，但是我相信以后一定能解决。目前人工智能还不到可以理解人讲话的意图这步，我们自己内部也在研发这一块。

我们原来也很不适应这种，为什么搞内耗嘛，把这个东西打乱，不太想这样。但是从另一面看，因为有时候内部竞争还真的是瞎搞，是捣乱，也没看他做出什么，就是同质化，大家水平差不多，都是你搞我一下，我搞你一下，然后你不服我不服，最后谁都不成。这种还挺多的。

我们是这样想的：在大的环境变的时候，你的对手或者是假设你挑战自己，假设你不在这个公司，你有什么破绽是可能被人抄的。可能不是完全一样的做法，但是你会非常难受，有些优势成了包袱。有没有这样的动作，如果有的话会怎么样，别人会出什么招，想出什么办法。当然这个东西其实也说不准，因为我们看到的很多都是同质化，大家的水平不是很高，东西往往做也做不好。

我还有一个感受，所谓的颠覆，是让你之前的产品和服务受到很大的挑战，这个产品往往都是一样的东西。我们过去其实有很多很多失败的案例，比如搜索，我们的团队就完全照着百度，人家有什么我们有什么，就没有想到别的路径。像搜狗就很聪明，他说我拼搜索拼不过你，我就拼浏览器，浏览器靠什么带？输入法，输入法带浏览器，浏览器带搜索，迂回地走，走另外的路，就比我们做得好。人家花的钱是我们的1/3，最后的效果是我们的2.5倍。

像我们原来电子商务的团队是照淘宝做，做来做去，越做越没希望，一模一样的东西很难活下来。包括我们的微博，虽然说活跃量跟新浪微博差不多，但是始终没办法突破，最麻烦的是连新浪微博也没突破。所以才发现让新浪微博绝望的不是微博，是微信，特别是加了朋友圈之后。不加朋友圈的时候还没有这种情况，大家觉得不过就是这样，加了朋友圈后大家发现大量的人实际上是喜欢阅读朋友圈的。私密社交比公开社交还有意思，很多话不喜欢公开讲，私下讲很好。

但是还要出去讲讲话，在外面讲，这两边比较下来看，可以让我们朋友圈保持一个私密社交。可能有人说为什么不能转，为什么不能互相看到，我们说不要，就是保持私密。不能又要私密，又要公开。坚持你的定位就是这样，肯定是不一样的东西。但是最后发现在人的时间分配上你是打得开，朋友圈的有些发图、发帖的量远远超过新浪微博。也是我们无意中形成的。这个东西也给了我们启发，好像是应该打败一个东西，就好像打败微信的肯定不会是微信，肯定是另外更好玩的东西。它用掉了你的所有时间，所以就打败了你。是这样的一种想法。

我现在反正也开窍了，以后我们就跟进。看到团队有什么想法，我们还是鼓励，没准他抓住了未来的一个机会。大家觉得我年轻，但我觉得我很老了。现在有些产品我都看不懂了。这两天讲 Instagram（照片墙），我投了一点点的股票。说起来很后悔，因为当时这个公司的股票还不到 1 美金的时候我没投。当时我们副总裁看着说，这个公司不太靠谱吧，一个公司就那么几个人，在一个靠近海边的房子里，就是玻璃，外面都看得见，扔个砖头就可以把里面的电脑全拿走了。创始人也好像挺高傲的，后来他说算了，不要了。后来我们就找了回去，他的数据增长不错，我们是在他有 8 亿美金估值的时候进入的。

它火在什么地方？好多 12 岁到 18 岁的女性用户喜欢它。它的服务类似于微信，但是不发消息，全部是拍个照片发过去，你只能按着才能看，如果你一截图的话对方就会知道你在截图。这个软件会感知截图，只打这个版。我们当时说要投资，几个人试着玩了一玩，好无聊。我们干这一行的都觉得无聊。

后来我们请人调查了一下用户为什么喜欢这个。用户觉得这个东西没有压力，是消费照片，不记下来，所以他没压力。就是让你把一些好玩的东西拍一拍，就跟大家打个招呼，表示我存在，有存在感。这样也挺神奇的。这个东西在美国层出不穷，幸好是 Facebook 把它收购了，要不然对

Facebook 有很大挑战。

在中国，其实这个需求是被微信的朋友圈取代了。Instagram 的需求还很强，通过手机通讯录加为好友之后大家就以发图为主，发图就可以关注好友，就可以看到了。有公开的，也可以私密。它对 Facebook 威胁很大，要不买下它很危险。还有 Twitter（推特）也刚刚上市了。

我们可以看到创新层出不穷，每个人做的东西都是不一样的，都是要走一个差异化，但这个东西有没有吸引力不知道。也有些不成功的创新，还有很多一开始看似是创新但最后无疾而终的。买的时候很贵，多少亿美金，最后也就无疾而终了。

所以有时候真的，各个行业都搞不清楚到底哪一个行业会起来。因为我们不是十几岁的小孩，不知道为什么他们喜欢，不懂。所以现在有时候要问小孩怎么样，来做一下测试。问问他们喜欢吗，他们的小伙伴喜欢吗，比我们还看得准。所以我想说，我们老的如果判断不出，起码要找人看，听他的意见。

我也没有太清晰，游戏当然最简单了，刚才讲的 O2O，无线支付当然这个也比较清晰。O2O 我们现在尝试用公众账号，能不能重新再发明一次会员卡，所有商家的会员卡，放到微信上。好处就是已经做了一些尝试了，效果还不错。

过去每个行业都有自己的客户，但他跟客户的联系以前靠发会员卡或者是在所有的客户关系管理系统中。企业有它的客户群，需要进行管理客户关系，那能不能放到微信、移动互联网上来管理。你跟你的用户是可以直接沟通的、是互动的，不像短期的那么单调，是可以在里面写程序，可以交流，甚至还可以充值。比如我们正在跟星巴克谈这个合作，星巴克用微信做它的会员卡，可以充值、储值，储值之后就可以算账、可以消费。卡就在微信里面，用星巴克储值卡消费就行了。这节省了它大量的发卡成本，而且是传播，成为它的会员也很容易。

我们现在在拓展 B2C 业务，比如接入当当。你买这个书的时候用微信支付可以在完全没有登录的状态下匿名访问当当,这个东西我要买,用微信登录后一扫之后,微信里面已经开通微信支付,有银行账号以及地址信息了。直接就买下,不用再输入地址。这个形式还是蛮新的。然后你买完之后,顺带订阅了这个账号,成为当当的粉丝。这个书或者你买的商品什么时候到货,通过这个通道告诉你实时信息。这是一个闭环的体验,而且是开放式的。

线下也可以有,线下的店就可以通过扫一扫,加上关注。而且现在不买不要紧,售货员可以跟你慢慢谈。如果现在知道要买什么了,加微信,东西什么时候到,拍几张照片微信发给你。现在是用这种土的方法,暂时是这么做的。

现在希望给传统的零售商一个技术架构,可以充分发挥店员平时的时间,可以通过手机继续维护他的客户群。新货到了开始促销,或者是这个不满意,远程都可以操作,不用到店。好的话给你送货过去,或者说下次给你留下来。用户一看到这个衣服不错就发朋友圈,朋友圈再一点,也可以一键购买。这个好像是挺有意思的,而且是可以结合传统零售行业的因素继续做。

移动互联网与传统行业,我相信肯定能结合。现在连3D打印都可以跟互联网结合,传统行业一样可以用互联网来推。各行各业的导向我把握不准,有时候甚至不是跟互联网结合,但是用互联网的思想去做。刚才讲到线下餐饮海底捞,其实里面蛮多思想是互联网化的,是做到很极致,做的是口碑。那是可以的,这也是一种想法。

我们在想一个问题,开放的经营者为什么是你,而不是另外的人。因为一样的公司有很多,这就涉及怎么选择的问题。有可能是多家一起进来。就算是O2O我们做,我们是扒了第一层皮,第二、第三层是由你们来做,而且是非排他的,家家都可以接入,我觉得这样比较完美一点。我们内部的部门,实际上是希望包下的。因为我们电商的部门,说这样太好了,这个东西我要自己做。我有时候说,搞了几个月都没出一个好方案,做得很慢。我们之前做微生活这个，也是搞了好久，最后出来后我说这个体验肯定不行。商家热了一下之后就慢慢不行了，这个很难坚持很久。为什么？

因为你自己一家做的速度太慢了，你还不如放开一点把它介绍给别人，让他们去。有时候他们做出来的东西简直超乎我们想象。我们原来公众账号有一个接口，给一些明星开，让明星们讲几句话觉得很好，吸引粉丝，可最后慢慢也不行了。这个意义不是很大，没有意义。直到后面冒出来陈坤，做得好酷，一下成为了一个标杆应用。是全屏幕的，连论坛粉丝都成为了他的会员，还要付费，做了全套的功能。我们说可以做成这样，下一步的时候要接手这个。微信部门说这个东西由他们包下来了。我说算了，这个你自己不能做，没有这个想象力，或者你都不能拿到这个明星的授权，没办法成为官方的一个战略，凭什么去承包。这些有的还要做客户端，这个做也做不好。

但有时候下面的部门会很坚持，说这个是我的未来，是我成败的关键，一定要让我先尝试。那行，我说大家定好线，你做哪一层讲清楚，不要过线，过了之后反而害了我，浪费我的经费成本。本来我给外面人做，做得会更好，非要移到自己手上，做又做不好，怎么办？

所以这个时候不是说我们一个态度大家就能做，其实还有细节的。具体开放到哪一层，到底是 1 到 10，还是 2.5、3.5，或者是不同的玩法？我们现在还在摸索。我的思路还是希望指导他们，不要太乱来。因为有些人是拿到手之后就乱来了，他首要的目的就是粉丝，你们传来传去那些东西全部是有专业人士运营的，你觉得很感动的东西都有人运营。他为什么写着让你去转？他知道怎么样打动你，讲讲家庭、讲讲教育、讲讲企业思路。有什么东西最打动你，会让 20 个人分头去想，一天写 20 个，然后筛选哪个最好，就放这个结果出去。背后都会有公司来运营，后面有所谓的营销公司、营销专家。达到多少粉丝之后账号是可以卖的，这个东西背后应该是有产业的，你稍微不慎就会落入这种圈套。最后，正常的用户没用上，钱已经花掉了，其实后面是几个帮派。我们最怕是这样的，一抓就死，所以有时候捏在手上不是说我们不开放，是开放了之后就乱套了，外面无法无天。以前还有刷活动的，后来停掉了，他们比我们内部所有部门动作都快，连夜都赶出来了。

这个时候我们是摸着石头过河，现在要表态开放的话我是没准备好。我觉得贸然开放的话，大家都会把这个东西搞乱了。有没有想过有千千万万的公司都提同样的要求我怎么办？如果只优待一家的话，或者头两三个，其实也是对其他人的不公平，所以我们有时候还要长远来看。我们两难，一是内部的人有时候不该他做的他抢着做，我们要适当解决；第二是开放出去之后，也可能有不公平，这个是挺为难的，但是我觉得要慢慢摸索，一步步去做。

⊠ 2013 年 11 月马化腾在 WE 大会上的讲话

大家下午好！能坚持到现在应该非常辛苦，但我和在座的所有朋友一样，整个下午都非常兴奋。在这里，我们看到了很多前沿的科学思想和最新技术，还有天马行空般的想象力。即便刚才我在后台候场时，也不愿意失去一个片段。

这次论坛没有谈及商业或者公司之间的竞争，这与我过去参加的很多论坛都非常不一样。我们谈的是未来如何用科技改变人类生活，如何解决可能我们现在想不到的、未来的很多问题。在这里，我看到了很多激情。我非常欢迎所有的朋友能够来到"WE2013"这个大会，谢谢大家！

今天的主题是谈互联网，尤其是未来互联网会走向何方，有什么发展。作为一名从业者、作为一个企业家，我想从几个方面来谈谈感受。

在谈之前，我想说这个会议的环境使我这一个成为企业家的 IT 男又找回了我以前的梦想。很多 IT 男都有一个成为科学家的梦想。我不知道其他 IT 男怎么想，我很小的时候很喜欢科学，希望成为一个天文学家。但是很可惜，这个梦想没有实现，我现在搞计算机、搞网络、经营企业。

前几年有一个事情挺打动我的。在公司还没有上市的时候，我跟我们很少数的创业伙伴在一起，我就梦想说，我们现在没有时间观测星空，而且周围光污染特别严重，要找一个地方看到星星很难，能不能找到一个地方安装一个望远镜自动地连接到网络上，随时在电脑或者手机上可以观测天文，甚至可以分享给全部网络上的用户和同好，那该多好。

当时觉得这是天方夜谭，只是畅谈一番而已。没想到过了几年，我们的创始团队中有同样喜欢天文的同事，有一天他告诉我，他实现了。他们跑到云南丽江雪山上面买下一个民居，在那边搭建了一个天文台，联了网，可以远程控制，远程自动打开，传回观测图片。我觉得这个很神奇。

你们在座的人会说，为什么他就能够随随便便买个房子呢？当然，他是腾讯的创始员工。我这个小故事是想说，我们虽然在做企业，但是我们没有磨灭了我们的梦想，我们还是追求我们的科技、追求我们的IT，如何能实现一些很酷的事情，做一些没有这些技术的话以前根本做不到的事情。我始终是抱有这样的一种热情。

下面转入正题，40多年前计算机第一次连接以来，互联网迅猛地发展，全世界所有的计算机连接了起来，诞生了很多的新现象。我们面对着一个全新的世界。

很多企业家觉得互联网是新经济、虚拟经济，跟自己所在的传统行业没有关系。但我想借助一些案例来说明，现在越来越多的实体、个人、设备都连接在一起，互联网已经不再是虚拟经济了，以后会是主体经济不可分割的一部分，这是一个大趋势。

我接下来希望和大家分享我的看法，这些观点也不一定正确。我是工程师出身，不会讲语录，也不是导师，不会说心灵鸡汤。最近在微信上看到关于"哪6种人不交往"的心灵鸡汤。我也想跟大家分享一些自己的朴素感受。

第一，连接一切。前面很多演讲者说了很多连接的东西。我们的感受是，智能手机是人的器官的一个延伸，这两年来这个特征越来越明显。它有摄像头、有感应器，几乎人的所有器官都延伸增强了，而且通过互联网连在一起了。这是前所未有的。

不仅是人和人之间连接，我们也看到人和设备、设备和设备，甚至人和服务之间都有可能产生连接。微信的公众号是人和服务连接的一个尝试。所以，PC互联网、无线互联网、物联网等，这些都是互联网在不同阶段、不同侧面的一种提法，它最终是很大、很全面联系的一个网络实体，这也是我们谈论未来一切变化的一个基础。

第二，"互联网+"。互联网加的是什么？加的是传统的各行各业。过去十几年，中国互联网的发展很清楚地显示了这一点。加通信是最直接的；加媒体产生网络媒体，对传统媒体影响很大；加娱乐产生网络游戏，已经把以前的游戏颠覆了；加零售产生电子商务。过去认为电商的份额很小，但现在已经不可逆转地颠覆了实体的零售行业。还有，最近互联网金融非常热，讨论的人很多。越来越多的传统企业已经不敢轻视互联网这个话题了。

我想从另外一个角度来去分析为什么会这样，互联网一定要加上你所在的行业吗，是改良还是颠覆？你所在的传统行业不管怎么做，都永远不可能打造成互联网企业吗？我的观点是，传统行业的每一个细分领域的力量仍然是无比强大的，互联网仍然只是一个工具。

比如，我们看过去的第一次工业革命和第二次工业革命，18、19世纪的第一次工业革命发明了蒸汽机技术，19、20世纪有了电力技术。从那时候起，我们看到很多的行业发生了变化。很有趣的是，蒸汽机发明之后，蒸汽机的动力可以大大提升印刷速度，书籍大量地产生，造成知识的大范围传播，培养了大量有知识的人。这跟你现在看到的互联网的传播、通信的特征很接近。

再看电的产生，电力产生了很多的东西，除了灯泡，收音机、电视机、电话都有利于资讯的传播和沟通。我们现在看到，互联网也有这方面的特征。互联网是不是第三次工业革命，或者是其中很重要的一部分呢，我想这是很值得思考的。

所以，有这样的推演之后，所有的传统行业不用怕。过去没有电的时候，金融也可以做，各个银行之间也可以记账，交易所里通过经纪人叫价也可以成交。只不过，有了电之后，这些都可以电子化了。所以，"互联网+"不是一个神奇的东西，而是理所当然的。我相信，互联网会衍生出很多新的机会。

第三，开放的协作。《第三次工业革命》这本书里面提到，未来的大企业的组织架构会走向分散合作的模式。有人说，中小企业更有效率的话，大企业应该不存在了吧。就像现在有了网购平台之后，很多小的电商就可以做到很多事情。我认为大企业还会存在，但是形态一定会转型，他会聚焦在他的核心模块，把其他模块与社会上更有效率的中小企业分享合作。

前不久在上海搞的"三马论坛"，平安的马明哲提到一个观点，我挺认同。他说，未来5—10年现金和信用卡会消失一半，未来10—20年，银行或者大部分银行的营业点前台会消失，后台也消失，只保留中台，就是服务。服务的核心是中台，因为前后都可以外包出去。他觉得，这是一个大方向。

第四，消费者参与决策。这个也非常有意思，互联网把传统渠道的不必要环节、损耗效率的环节拿掉了，让服务商和消费者、生产制造商和消费者更加直接地对接在一块。厂商和服务商可以如此之近地接触消费者，这是前所未有的。消费者的喜好、反馈可以很快地通过网络来反映。

互联网的一个重要精神，是追求极致的产品体验、极致的用户口碑，这种精神也会出现在厂商和服务商身上。市场上已经开始出现了这样的企业，苹果不用说了，国内的小米手机、雕爷牛腩也是好案例。它们的产品种数不多，但是很精，有大量的用户反馈，有自己的粉丝，讲究的是产品体验。越来越多的公司意识到，消费者参与决策是如此重要。

第五，数据成为资源。大家现在谈大数据和云计算非常多，因为我们连接多了，传感器很多，服务很多，像搜索引擎、电子商务、社交网络，都聚合了大量的数据，这些数据成为了企业竞争力和社会发展的重要资源。

电商现在非常热,为什么电商可以转向金融,借助用户和商家的信用提供信贷,这都是大数据在背后起作用。

腾讯社交网络是非常大的一个平台,我们也在研究这些数据。比如,一个用户的信用能产生什么影响?这里有很多很有意思的设想,比如说,我们不知道某个用户,但可不可以做一个算法,根据他的朋友的信用来算出他的信用?大家知道搜索引擎有一个算法是"Page Rank",根据每一个页面的调度指向来算出这个页面的值,可以影响到它的排序。我们想象一下,人的社交属性是不是可以成为一个信用排序和算法迭代的思路呢?以后可能会出现一个"人品排名",拼人品就出来了。你交的朋友人品比较好,你的"人品排名"就高。如果你的人品不好,你的朋友就不会跟你交友。这是我们的设想,是一个前瞻性的研究,我们希望能够做出一些成绩。

还有一个案例很有意思,深圳华大基因生物公司做的是基因测序。当年测一个人的基因特别困难,现在科技发展了,成本已经大幅度降低了。他们便用"BT+IT",即生物技术+信息技术,做的事情挺让人震撼。他们用大数据的方式,把每个人测出来的基因数据全部存出来,一个人的基因有6G的数据。他们尽量多地测,测几十万、上百万、上千万人的数据。是单眼皮还是双眼皮,性格怎么样,为什么有这种疾病,都可以通过基因来看。

他用的大数据算法,与以前的医学理论不一样。看一个人的疾病,只是看他得病的特征与哪种病吻合,然后推导出具体应对哪个部位对症下药。到时,药可能是治基因的某一段。哪一段基因出问题,就拿相应的药去治。这个思路很开放,用了大数据,是一个很好的案例。

第六,顺应潮流的勇气。很多人知道可以这么做,但事到临头又没有做。我们可以记起来的案例就有很多,比如柯达在胶卷市场的利润很高,它就把数码相机雪藏起来,希望越晚发现越好,当数码相机普及时,它没有抓住机会,最终失去了市场。

最近一两年,我们的行业里这样的案例也有不少,比如诺基亚和黑莓。一年半前,你想象不到诺基亚为什么倒得这么快,它的市值曾经高达2000

亿欧元，最后以很低的价格卖掉了手机部分。黑莓市值最高时超过600亿美元，现在低到40亿美元还卖不掉。

这是发生在我们身边血淋淋的案例。它们是巨人时，我们还是小弟弟。我们看到，巨人稍有不慎，稍微没有跟上形势，就可能倒下。巨人倒下时，体温还是暖的。所以我们自己市值高了，还是很怕。你一定要深思这个行业怎么发展，现在拿到了所谓的船票、门票，能不能走到终点还不一定，还是要多多思考。这其中，还需要有很大的勇气。我们过去在外部和内部都做了很多改革，能让我们有这样一个基础能够符合未来的发展，我也希望和大家共同努力。

最后我讲一个负面的，就是风险。什么都连接了的话，有什么弊端呢？

第一、第二次工业革命产生的是什么问题呢？我们把几亿年以来的森林资源、地下所有的煤炭、石油，都在近两百年来挖出来烧掉。没有害吗？温室效应、环境污染，现在的空气、现在的水、现在的土壤，都需要我们后面还债的，这些都是很大的问题。

高科技制造假的、有毒的食物你都看不出来，这些都是过去的科技产生的问题，现在我们在承受它的痛苦。互联网一样有这个问题。互联网很强大，被坏人拿来做坏事，可现在的警察抓不着、也没法抓，法律治不了他。因为如何惩罚还没有写进法规里，我们都遇到过这个问题。

我们经常看手机，眼睛变花了，脖颈也不行了，对健康有影响，甚至影响人际关系。有了社交网络，大家见面、吃饭、开会全在玩手机，反而更冷漠了。这些都是值得我们深思的问题。

当然，这个我只是抛出来，我也没有答案，如果有好的建议，请通过我们这次大会的微信公众号反馈给我。谢谢大家！